工作如此重要，你要懂得珍惜

龚雪军　张小冰◎著

珍惜工作，善待工作，用心工作，是智者之举，是君子所为。

GONGZUORUCIZHONGYAO
NIYAODONGDEZHENXI

工作是我们生存之本，是我们快乐之源，拥有就要懂得珍惜，珍惜了才会为之付出，而付出就有回报。

中国商业出版社

图书在版编目(CIP)数据

工作如此重要 你要懂得珍惜/龚雪军，张小冰著.
—北京 ：中国商业出版社，2013.4
ISBN 978-7-5044-8087-3
Ⅰ.①工… Ⅱ.①龚… ③张… Ⅲ.①工作方法－通俗读物
Ⅳ.①B026－49

中国版本图书馆 CIP 数据核字(2013)第 074341 号

责任编辑:刘毕林

中国商业出版社出版发行
010－63180647 www.c-cbook.com
(100053 北京广安门内报国寺 1 号)
新华书店总店北京发行所经销
北京市德美印刷厂印刷

*

710×1000 毫米 16 开 13.25 印张 194 千字
2013 年 7 月第 1 版 2013 年 7 月第 1 次印刷
定价:32.00 元

* * * *

(如有印装质量问题可更换)

前言

工作是上天赋予我们的神圣使命，是我们的立身之本，是我们实现人生抱负和梦想、施展自己才能的舞台。在我们漫长的一生中，几乎大部分时间都是在工作中度过的，可以说我们工作的成败就是我们人生的成败。没有工作，我们就失去了生活的幸福之源；没有工作，我们就失去了实现自身价值的舞台；没有工作，我们的人生将会变得暗淡无光。对于我们每个人来说，工作像生命一样重要，我们一定要懂得珍惜，同时还要像热爱生命一样热爱自己的工作！

英国作家塞尔斯·L. R说："对大多数人来说，工作不仅仅是一种必需，它还是人们生活的焦点，是他们的个性和创造性的源泉。"的确，我们每个人身上潜藏的能量和价值，都是工作帮我们激发出来的。

古往今来，有许多在不同领域中获取成功的名人，他们最初也和我们一样是普通人。直到当他们在从事某一项工作时，意外地发现自己原来具有非凡的才能和在某一方面的特长。被世人称为天才的爱迪生，正是因为一次次的工作试验，他才发现了自己身上的潜能，终于成为"世界发明大王"；世界级富豪、美国微软公司的董事长比尔·盖茨，他在电脑方面的才能，同样是在工作中体现出来的。即便是在他功成名就时，他也依然热爱自己的工作。有时开车送孩子上学时，他突然想到工作，就会开车去微软总部了，让一头雾水的孩子们惊讶地问他："爸爸，我们去微软做什么？"

造物主是最公平的，它在赋予了我们每个人工作的权利的同时，在创造人的时候也为每个人内心注入了一种力量。那就是通过工作来发现自己身上到底有多少潜力，正是这种无形的精神力量，推动着我们在工作中不断进步和成长；正是这种精神力量，让我们热爱工作；正是这种精神力量，让我们享受工作中的收获胜于薪水；正是这种精神力量，让我们既看到自己的错误和不足，也发现自己的优点和长处；正是这种精神力量，激发着我们不断地去努力工作，为公司、为社会、更是为自己创造更多的价值；正是这种精神力量，让我们每个人不同于别人的特长在工作中发挥出来，才加速了时代发展的步伐，让我们的生活变得越来越美好，越来越有意义……

工作不但改变了我们的生活，还让我们为自己创造了源源不断的财富。拉·封丹说："要工作，要勤劳，劳作是最可靠的财富。"一个人即使有再多的钱，花完后如果不工作就不会再有钱的。只有工作，不但能持续地为我们创造财富，还能让我们体会到生存的真正意义。所以说，我们工作既是为自己的人生奋斗，也是在为生活增添乐趣，有工作的生活，才是丰富多彩的；有工作的生活，能让我们体会到最幸福、最快乐的人生。假如我们的生活没有了工作与事业作为支撑，再富足的物质生活都会变得苍白无力、不堪一击。

罗素说："伟大的事业是根源于坚韧不断的工作，以全部精神去从事，不避艰苦。"我们除了珍惜工作外，还要把珍惜工作付诸行动，视工作为自己伟大的事业，这样才能在自己的工作岗位上兢兢业业、勤勤恳恳、任劳任怨、不怕失败、肯动脑筋、敢于进取……一个珍惜工作的人，会尽自己最大的努力去工作。因为只有努力付出才会有所收获；只有努力工作才会把工作做到最好；只有努力工作才会让自己在职场上有所作为，以最优秀的成绩来回报公司和社会；只有努力工作才会让工作改变我们的命运；只有努力工作才会给自己创造美好的未来！

本书从员工的角度出发，用通俗、生动的语言，真实而丰富的经典职场案例，针对企业员工的工作态度和价值观念建设及实践的需要，阐述了工作对我们每个人的重要性，并从感恩、敬业、负责、忠诚等几个方面来告诉读者，珍惜自己的工作，不仅仅只是一句空洞的口号，而是要从这几个方面来让自己付诸行动。让广大读者看后明白这样一个道理，那就是，只有珍惜工作，我们才能热爱工作；只有珍惜工作，我们才能释放自身的价值；只有珍惜工作，我们的生活才会变得更有意义；也只有珍惜工作，我们才能创造属于自己的辉煌人生！

Contents

第一章 工作如此重要,你一定要懂得珍惜

对于我们每个人来说,工作是上天赋予的神圣使命,它既是我们的立身之本,也是我们实现人生抱负、施展自己才能的舞台。可以说,没有工作,我们就失去了生活的幸福之源;没有工作,我们就失去了实现自身价值的舞台;没有工作,我们的人生将会变得暗淡无光。工作如此重要,我们一定要懂得珍惜,要像珍惜生命一样珍惜自己的工作,这样才能把工作做到最好,才能在工作中体现自己的人生价值,并从中获得快乐和成就。

1. 工作是我们的立身之本 / 2
2. 工作让我们的人格更加独立 / 6
3. 要想生活得有意义,就得好好工作 / 11
4. 工作让我们体会到成长的快乐 / 17
5. 每一份工作都来之不易,你要学会珍惜 / 20

第二章 珍惜你的工作,努力付出才有收获

罗素说:“伟大的事业是根源于坚韧不断的工作,以全部精神去从事,不避艰苦。”对于我们每个人来说,工作就是自己伟大的事业,我们要像珍惜生命那样珍惜自己的工作。成功只属于有准备、勤奋肯干、永不放弃、执着追求、敢于挑战的人。我们要想在工作上获得成功,就得付诸行动,在自己的工作岗位上兢兢业业、勤勤恳恳、任劳任怨、不怕失败、肯动脑筋、敢于进取……因为只有努力付出才会有所收获,只有努力工作才会改变自己的命运,只有努力工作才会给自己创造美好的未来!

1. 你在为自己工作,珍惜工作就是珍惜生命 / 26

2. 每一份平凡的工作都蕴含着机遇 / 29
3. 做好本职工作，体现自身价值 / 33
4. 热爱工作的人更容易成功 / 37
5. 在努力工作中实现自己的人生理想 / 41

第三章　珍惜工作，用感恩的心态做好本职工作

感恩是一种生活态度，感恩是一个人心灵美好的起点，用感恩的心来看待工作，你才会懂得珍惜工作，懂得了珍惜工作，你才会带着感恩的心态做好本职工作。在工作中注入珍惜和感恩，能让你找到幸福的入口，让你善于发现工作中的美好之处，感受平凡工作中的美丽。让我们怀着一颗感恩的心来看待自己的工作吧，这样我们才会更加珍惜自己的工作机遇，在工作中发挥自己的才能，用心工作，善待工作，把工作做精做好。只有懂得感恩，我们才能把本职工作做好；只有懂得感恩，我们才能够获得最大的成功。

1. 用感恩的心来看待自己的工作 / 46
2. 感恩，从做好本职工作开始 / 50
3. 珍惜工作，让浮躁的心在感恩中沉淀 / 54
4. 感谢工作中的挫折与磨难 / 58
5. 用感恩的心驱逐工作中的抱怨 / 64
6. 感恩让我们在工作岗位上做到最好 / 67

第四章　自动自发，把珍惜工作付诸行动

在工作上自动自发是我们从普通走向优秀，迈向卓越的动力之源。一个自动自发的员工，会珍惜工作付诸行动，在面对工作时，他会尽心尽力地把工作做好，把工作中的困难当作一种乐趣、一种挑战、一种修为、一种品质；一个自动自发的员工，会让自己在工作中忠于职守，在平凡的工作岗位上做出突出的贡献；一个自动自发的员工，会珍惜自己的工作机会，在工作时没有任何怨言，没有等待和拖延，自始至终尽最大努力、花最多精力、用最主动的态度去踏踏实实的工作。

1. 珍惜，让你在岗位上自动自发地工作 / 74

2. 珍惜工作的人对工作决不拖延 / 78
3. 珍惜工作,让你比任何人都要积极主动 / 83
4. 主动工作,让你成为工作的主人 / 86
5. 珍惜工作,让你把工作当成自己的事业 / 90
6. 珍惜工作,让你勇于挑战“不可能”的任务 / 93

第五章 尽职尽责,珍惜工作要牢记自己肩负的责任

工作就意味着责任,无论从事任何工作,都需要我们尽职尽责地去做。社会学家戴维斯说:“放弃了自己对工作的责任,就意味着放弃了自身在这个社会中更好的生存机会。”对于我们每个人来说,我们不但要珍惜自己的工作机遇,而且还要在工作中牢记自己肩负的责任,把工作尽职尽责地完成,只有这样,才能让自己的价值在工作中淋漓尽致地发挥出来。

1. 对工作尽职尽责,是珍惜工作的基础 / 98
2. 珍惜工作,明确自己的工作职责 / 102
3. 珍惜工作,让内心的使命感无处不在 / 105
4. 定期审视自己的工作,主动向自己“问责” / 109
5. 对工作履行责任,在细节中追求完美 / 113
6. 找准自己在工作中的位置,肩负起工作的重任 / 118

第六章 敬业精神,珍惜工作必须对工作爱岗敬业

敬业精神是一种基于挚爱基础上的对工作全身心忘我投入的精神境界,其本质就是奉献的精神。具体地说,敬业精神就是在职业活动领域,树立主人翁责任感、事业心,追求崇高的职业理想;培养认真踏实、恪尽职守、精益求精的工作态度;力求干一行、爱一行、专一行,努力成为本行业的行家里手;具有积极向上的劳动态度和艰苦奋斗精神;保持高昂的工作热情和务实苦干精神。一个人只有珍惜自己的工作,才会拥有这种敬业精神,让自己在工作中做到爱岗敬业,并且对自己的岗位职责负责到底。

1. 敬业精神是把工作做好的前提 / 124
2. 珍惜工作,把敬业工作当成一种习惯 / 128

3. 敬业的过程就是实现自我的过程 / 132
4. 对工作敬业让你超越平庸，追求尽善尽美 / 135
5. 敬业精神，是事业成功的保证 / 138

第七章　严守机密，珍惜工作就要对公司无限忠诚

忠诚是人类最宝贵的美德之一，是衡量一个人是否具有良好职业道德的前提和基础，是一种高贵的品质，体现了一个人无私的精神。对于我们每一个人来说，忠诚既是一种美德，更是一种能力。身在职场，我们作为公司的一员，更需要对公司忠诚。因为忠诚，我们会更加珍惜自己的工作；会尽心尽力、尽职尽责地工作，并且敢于承担工作中的一切；会表里如一、言而有信，成为公司里最诚实守信的典范；不会因为公司的规定而觉得自己的自由受到了羁绊，更不会做出违背公司利益的事情。

1. 忠诚是人类最宝贵的美德 / 146
2. 对公司忠诚，就得禁得住诱惑 / 149
3. 无论何时，都要永远忠诚于自己的公司 / 153
4. 对公司忠诚，就要为公司创造业绩 / 158
5. 忠于职守的员工，职业道路会越走越宽 / 161

第八章　乐业精神，珍惜工作需要你把工作当成乐趣

乐业精神就是把工作当成事业来做，在工作中保持乐观的态度，是乐业者坚持工作的灵魂。无论从事什么样的工作，乐业者都能让自己充满乐趣地工作。当我们在工作中拥有乐业精神时，会更加珍惜自己的工作，无论多么平凡的岗位，都能从中体验到无尽的乐趣。这种乐趣源于自己在工作中的真诚投入，并在对工作的投入中贡献自己的力量，实现自己的价值；在工作中拥有乐业精神，我们不但会珍惜工作，还会把工作看作一种艺术的创作，让自己全身心地投入其中，把工作当成一种乐趣。

1. 珍惜工作，视工作为神圣的事业 / 166
2. 调整心态，让自己每天都快乐工作 / 170
3. 主动培养自己对工作的兴趣 / 175

4. 享受工作的乐趣，在不知不觉中超越自己 / 178
5. 为自己制订快乐工作的计划 / 183

第九章　学习能力，珍惜工作必须不断完善、提升自我

随着社会的进步，知识更新的加快，我们正在进入一个知识爆炸的时代，学习能力已经成为一个非常关键的素质。有人称，未来社会的竞争既是人才的竞争，更是学习能力的竞争。身在职场的我们，要想在竞争激烈的职场立足，要想保住自己的工作，就得在工作中重视学习、主动学习，靠着学习来不断完善、提升自我。

1. 知识是应对职场变化的必胜法宝 / 188
2. 自我充电，学习能力决定竞争力 / 191
3. 提升学习能力，让学习与工作相伴 / 194
4. 在工作中完善自我，在学习中提升自己 / 196
5. 永远不停歇学习的脚步，在工作上做最好的自己 / 199

第一章

工作如此重要，你一定要懂得珍惜

对于我们每个人来说，工作是上天赋予的神圣使命，它既是我们的立身之本，也是我们实现人生抱负、施展自己才能的舞台。可以说，没有工作，我们就失去了生活的幸福之源；没有工作，我们就失去了实现自身价值的舞台；没有工作，我们的人生将会变得暗淡无光。工作如此重要，我们一定要懂得珍惜，要像珍惜生命一样珍惜自己的工作，这样才能把工作做到最好，才能在工作中体现自己的人生价值，并从中获得快乐和成就。

1.

工作是我们的立身之本

对于我们每个人来说，来到这个世界上最大的任务，就是要靠自己的劳动来养活自己。一个人如果能够以自己的双手让自己生活得富足，那应该是多么快乐、幸福的事情啊。而养活自己就得需要一份稳定的工作。通过工作，我们获得了生活的保障，更重要的是，我们用自己在工作中的努力获得了公司的认可，这是一个社会人最为直观、最为基础的自我满足。从这个角度来讲，工作就是我们的立身之本，是我们生存下来的根本。

古往今来，无数在事业上取得巨大成就的人都清醒地意识到，只有努力干好工作，才是自己安身立命之本，同时也是让自己和家人过上更好生活的前提和保障，是自己和家人生活幸福的源泉。

人称“战地玫瑰”的凤凰卫视记者闾丘露薇大名远扬后，在接受内地记者采访时，她说出了自己之所以不惧生死，不畏劳苦三赴阿富汗，又入伊拉克，谈到忘我工作的真正原因，她感慨地说：“因为我在香港生活，每个人都很实际。我现在最要紧的事情就是有一份稳定的工作，然后能养我的家、我的孩子，供我的房子，然后我才能想一想我自己希望过的生活。”

由此可见，用勤劳的工作来换取的薪水，是我们每个人赖以生存的物质基础。如果一个人连一份养活自己的工作都没有的话，那么就很难实现自己的理想、人生价值和追求。

在我们的一生中，工作既是我们生命中非常重要的一部分，也是我们生命中一个必要的过程。现实生活告诉我们，如果要满足自己的生存所需，我们需要工作；如果想要得到很多的财富，我们需要工作；如果想提高自己的社会地位，我们需要工作；如果想让自己的人生过得有意义，我们同样需要工作。可以说，在我们漫长的一生中，几乎大多数时间是在职场中度过的。

对于我们来说，工作是上天赋予的神圣使命，是我们来到这个世界上必须要做的事情。每一份工作不但给我们提供物质生活的保障，还给我们带来不同的感受和快乐，这种千金难买的体验，极大地丰富了我们的精神生活。从这个意义上来讲，工作不仅仅是我们为了谋生才做的事，而是我们要用生命去做的事。因为工作的成败直接影响到我们物质、精神生活的质量，所以，我们要像热爱自己生命一样热爱自己的工作，这样我们才能把工作做到最好，让自己在职场上有所作为，以最优秀的成绩来回报社会，让自己的人生价值得到新的升华！

一个人的工作，都是由我们自己亲手制成的雕像，工作在你眼里是美丽还是丑恶、是可爱还是可憎，都是你自己一手造成的：如果你热爱自己的工作，你就会倾注自己的心血，力求把工作做好，自然能在工作上做出业绩，并且发挥内在的特长，那么在你眼里，工作就是美丽、可爱的；如果你轻视自己的工作，而且做得很粗陋，那么你就会厌烦自己的工作，工作自然做不好，久而久之，你会把工作当成一种负担，这时在你眼里，工作是丑恶的。所以说，工作好不好取决于你自己。

在社会上，有许多人不尊重自己的工作，不把自己的工作看作创造事业的要素和发展人格的工具，只视为衣食住行的供给者，认为工作是生活的代价、是不可避免的劳碌。这样的观念是错误的，这种经常抱怨工作的人，终其一生，绝不会取得真正的成功。

实际上，工作不但能解决温饱，实现抱负，还能让我们拥有高度的充实感、个人使命感，更重要的是，我们还会在工作中收获一定的成就感以及表达自我的机会，是一种人生价值的体现，让我们的人生变得有更意义。由此可见，工作甚至可以成为我们活着的理由，这才是工作的本质。

我们只有认清工作的本质，认清自己在工作过程中的体验，才能把工作当作使命来做并且乐在其中；只有认清工作的本质，我们才能在工作中完成自己使命，同时在工作中发掘出自己特有的能力。认清了工作的本质后，即使是辛苦、枯燥的工作，也能让我们从中感受到自身的价值，从工作中发现成功之芽。

在生活中，我们每个人都是在不断发展的过程中追求更好的生存，而不是只满足于现状，不思进取。这种发展依托于我们对待工作的态度和重视程度。所以，此时的工作，不仅是我们谋生的手段，还是我们发挥自己才能的舞台。只有这样，我们才能在工作中不断地去接受新的知识、去接受新的挑战，并解决新的问题来提升自己的能力，施展自己的才能。

梁语大学刚毕业的时候也像其他人一样梦想着自己开公司，自己做老板，虽然具体做什么他还没确定。但是接下来找工作的艰难让温饱问题排在了最前面，在应聘了几家公司未果后阴错阳差地成为某出版社的编辑。

其实搞文字并不是他的专业，刚开始干时，他还抱着有机会就换工作的心态。由于出版社的事务很杂，审稿、改稿、约见作者、催收稿件、联系印刷，忙的时候，书店的事他也要涉及。好几次他都想离开出版社去实现自己的商业梦想，可是随着时间的推移，他的思想也发生了转变，他还是留在了出版社。原因就是出版社给了他不错的薪水，而且也使他在工作过程中不断地锻炼了自己。当然这也是他不断努力的结果。

随着阅历的增加，他由最初的冲动变成了冷静的思考，他发现出版社同样给了自己很大的发展空间，在这里他同样能有所作为。记忆中，出版社每一次成就的取得都渗透着他的汗水，一次次的难关攻克让他体味到了成就感。于是他一干就是五六年。这是他刚来出版社时没有想到的。

现在梁语不再为当初没创业而烦躁，因为他已经是出版社的二把手了，他要带领出版社全体员工走向更辉煌的未来。

梁语之所以能在工作上做出成就，是因为他后来认清了工作的本质除了薪水外，还有成就感。于是他把工作当成了一个施展自己才能的舞台，让自己静下心来努力工作，才让他在业内做得这么出色，而他的自身价值在工作中也得到了更大的发挥。由此我们得出一个道理，要想做好工作，就必须明白工作的真正意义，这样才能让自己在努力工作中体验收获的快乐，体会人生的意义。

工作之所以是我们的立身之本，是因为在工作中，薪水、能力、发展空间这三者是相互关联的。为了薪水，工作是必要的，而在工作中能力的提高和发展空间的无限延伸，却是要靠自己来把握的。所以，我们应该努力工作，不仅是为了公司，更多的还是为自己。在我们努力的同时，我们的各种能力会得到提升，而公司不但会付给我们更多的薪水，还会为我们提供更多的学习机会和发展平台，当我们在工作中不断展现自己才能的时候，在为公司创造业绩的同时，还会得到实现自身价值的成就感和快感。

一个人对工作所持的态度，和他本人的性情、做事的才能有着密切的关系。要看一个人能否达成自己成功的心愿，只要看他工作时的精神和态度就可以了。如果他在做事的时候，感到受了束缚，感到所做的工作劳碌辛苦，没有任何趣味可言，那么他决不会做出伟大的成就。

在工作中，我们不论做任何事，必须竭尽全力，这种精神的有无可以决定一个人日后事业上的成功与失败。一个人若能以生生不息的精神、火焰般的热忱，在工作中充分发挥自己的特长，那么他无论所做的工作怎样，都不会觉得劳苦。即使是最平凡的工作，也会以充分的热忱去做，处处以主动、努力的精神来工作，让自己成为最精巧的工人，而且还能增加自己的威望和财富；反之，如果以冷淡的态度去做最高尚的工作，也不过是个平庸的工匠而已。

工作带给我们的诸多乐趣是难以用语言来形容的，比如，在工作中，我们会与人合作、与人竞争。而无论是合作还是竞争，都能给我们每一天的生活增添一点生气与快乐，都能为我们实现生命的意义提供机会。

俄国著名剧作家和短篇小说大师契诃夫说："人，不管是什么，应当从事劳动，汗流满面地工作，他生活的意义和目的、他的幸福、他的欢乐就在于此。"由此可见，我们若没有工作，就失去了生活的幸福之源；没有工作，就失去了实现价值的舞台；没有工作，我们的人生将会变得暗淡无光。所以，我们一定要珍惜自己的工作。

"立身成败，在于所染，兰芷鲍鱼，与之俱化，慎乎所习，不可不思"，在各种思想比较活跃的今天，我们要想做好自己的工作，就必须远离不良社会风气的影响，见贤思齐，积极生活，积极工作，把自己的理想和追求加到工作中去，在这个前提下才会把工作当成立身之本和幸福之源，这样才能使生活变得充实而有意义。

2.

工作让我们的人格更加独立

人生在世，生活只有靠自己去努力才会心安理得。任何一个人，要想有尊严地生活，就得拥有一份能养活自己的工作。因为经济独立是我们独立的基础，所以，我们只有努力工作，靠自己的能力来赚钱以让自己经济独立，才会自由掌控自己的生活。

有句话叫“工作造就人格”，我们要想铸成自己独立的、优秀的人格，就必须认真踏实地工作。从古至今，凡是功成名遂的人都是在工作中不懈努力、历尽艰辛、埋头于自己的事业，当他们通过艰苦卓绝的努力取得伟大功绩的同时，也造就了自己完美的人格。

生活中那些成功者的经历告诉我们，工作最重要的目的在于通过工作来磨炼自己的心志、提升自己的人格。也就是说，要全身心地投入当前自己该做的事情中去，聚精会神，精益求精。这样做就是在耕耘自己的心田，在自己获得工作上的提升后，还可以造就自己深沉、厚重的人格。

在南太平洋新不列颠岛上，有一个未开化部落的村庄，那里的人们都认同“劳动是美德”这一观点。在他们的生活中渗透着一种淳朴的劳动观：“认真劳动能塑造美丽心灵”，“美好的工作产生于美好的心灵”。

就是这样的观念，让这个村落里的人把工作视为打造美好人格的最重要的途径；就是这样的观念，这里根本不存在“工作是苦役”这样的观念。

村民们通过工作追求的目标是：“工作得到的美的成果”和“人格的陶冶”，就是要把工作做得完美，并由此磨炼自己的人格。

在这里，村民们主要的劳动内容是烧荒耕作，作物是甘薯。平时生活中，村民们互相评论各自田地的整修情况、作物的长势以及泥土的气味，气味好闻的被夸为“丰登”，气味难闻的则被贬为“不毛”。

经过这样一番评价，田地耕作得精细的人就会被称为“人格高尚的人”，会受到全村人的尊敬。也就是说，这个村子里的村民是通过劳动的成果——田地是否整齐，作物是否丰收来判断一个人的人格的。田头工作出色、工作成果显著的人，就被认为是优秀的人、是人格高尚的人。

纪伯伦说，从工作里爱了生命，就是通彻了生命最深的秘密。无论我们从事什么样的工作，一旦我们注入了爱，就能让自己带着感情去做。一项工作如果有了爱和人类的情感，也就拥有了生命，那么你做的这项工作一定会给你带来意想不到的收获。

当我们在工作上做出了出色的成就，不但让自己拥有丰硕的工作成果，还能享受到工作过程中的无限乐趣，更重要的是，能让我们在经济和精神上都独立起来，让我们的生活变得有意义，让我们的人生更加灿烂和美好。

香港富豪李嘉诚的儿子李泽楷在美国留学时，他不仅不带保姆，反而自己打工挣零花钱。他没有钱吗？不是，他主要是培养自己一种独立精神，因为只有这种独立精神，他才有可能将来开创自己的事业和生活。所以，无论你家庭经济情况如何，要想独立，你就得工作。从上班的第一天起，从你靠着自己的劳动来赚钱的那一天起，你才算是在经济上独立了。

翁宁是名副其实的富二代，他二十岁那年，父母送他去澳洲留学。就是这次留学经历，让他真正懂得了工作是为了什么。

刚开始去时，在国内花钱大手大脚的他，很快就把父母给的生活费花得差不多了。当他给父母打电话要钱时，同宿舍一个男生的话让他心里很不舒服。那个男生笑嘻嘻地对翁宁说："嘿，你真行，都上大学了也不能独立，还好意思向家里要钱。我上小学时就靠自己打零工赚取零花钱的。"

"是呀，在外留学，不经历打工赚钱，留学生涯肯定是不完整的。"另一个同学说道，看翁宁不说话，就戏谑地问道："这周末敢不敢和我一起到饭馆洗盘子赚钱？"

"哈哈，看他细皮嫩肉的，估计干不了。"外国学生用英语讥讽道。

翁宁放下电话，发呆地看着这些嘲笑他的外国同学。想到他们平时花钱时的潇洒劲，自己还真的没有。毕竟，他们花的是自己赚来的钱啊。

那天晚上翁宁一夜无眠。他耳边不时地响着室友们的话，的确，虽然打工的收入相比于庞大的学费而言，根本就是杯水车薪，但是打工却是一种难得的历练，是每个留学生都应该经历和体会的，并且从某种意义上说，打工的经历对自己和父母也是一种安慰，至少证明自己有能力养活自己了。于是，翁宁做出了一个决定，业余尝试着打工。

翁宁的第一份兼职工作是在一个三明治店做厨房帮手，那时他刚到悉尼四个月，对于从小到大过惯了衣来伸手、饭来张口的生活的他来说，打工是个充满好奇的新世界。在经过整整一个晚上的准备和研究后，他已经将各种蔬菜名字烂熟于心了。第二天简单的面试后他就开始工作了。

那时他需要每天工作 4 个小时，从上午 10 点到下午 2 点，下班后再飞奔到学校上课。他的工作内容主要是帮主厨切菜、切肉和洗盘子，看似简单的工作却需要很多技巧，其中最重要的是动作要快，一整箱的鸡肉要在半个小时内切成薄片，并且沾上面粉，进行油炸。对于用过的盘子要先用手洗，然后放到高温消毒机里再洗一遍。还有一点要非常注意，因为西方人非常注重厨房的卫生，所以无论多么忙，厨房里都要保持干净和整洁。

一个星期后，他终于领到了花花绿绿的钞票，拿着通过自己努力挣到的钱，翁宁顿时感到一种油然而生的自豪。曾经总是幻想拿到第一笔薪水的那一刻，一定要去大吃一顿，可此时，不多的薪水拿在手中却变得沉甸甸的，他甚至不舍得去买一瓶水。就这样，他平生第一次非常真切地体会到挣钱的不容易。

由于期末考试的缘故，他不得不辞掉这份对他来说意义非凡的工作，虽然仅仅做了一个学期，可他却收获了最实用的两样东西：语言能力迅速提升，并且积累了难得的工作和生活经验。然而，曾经繁忙充实的生活，让他在考试过后深刻地体会到了失业的痛苦和无聊，于是他开始找第二份工作。

第二份工作与之前的工作大相径庭。他的工作内容表面上是做三明治，实则是一个“超级勤杂工”，而且最让他无法接受的是，老板要先试用他一周，然后再决定是否用他。为了锻炼自己，他还是忍受下来了。在试用期间他非常努力，之前那份工作带给他的收获也让他更加游刃有余。然而，一个星期过后，老板很“惋惜”地说：“对不起，你的工作我不满意。”并且一分钱的工资都没给。这次的打工经历让他收获一次深刻的教训，即使是试用期也要和老板先谈好工资。

因为不甘心于这次惨痛的经历，他用一天的时间跑遍了悉尼城市里的各个角落，投了 20 多份简历。就在他快要绝望的时候，一家小咖啡店让他周末去上班，而且薪水非常不错。

他在这家店的工作是直接面对客人，需要更多的热心、耐心和细心。店铺虽不大，但要记得哪个桌子的客人点了什么菜、什么饮料、有什么特殊的要求等，还是需要下一番工夫的，而且最重要的是要让客人满意。

刚开始面对新的工作时，他还是碰到过一些小问题。记得是在圣诞节期间，店里非常忙，既要做好本职工作，还要负责做咖啡和洗盘子，由于他工作非常卖力，老板还把他的工资从每小时 13 美元提高到 14 美元，虽然仅仅一块钱但对他来说却非常有意义。最让他感动的是，在圣诞节期间，老板给了他 800 美元的奖金外加一个大大的拥抱。

对于翁宁来说，三份兼职工作除了苦和累以外，更多的是对自己的一种肯定。从端盘子洗盘子到做咖啡，从对西方饮食一窍不通到能做出让澳洲人都连声称赞的通心粉，从满嘴的中式英语到说着一口纯正澳洲音的流利英语……在打工的过程中，他变得更加自信、更加独立、更加自主。他对打工生涯做的总结是：不能经济独立，就不能人格独立。

这就是工作带给我们的最大意义，就是让我们的人格更加独立。俗话说得好："滴自己的汗，吃自己的饭，自己的事情自己干，靠人靠天靠祖上，不算是好汉。"这句话充分说明了，我们要用自己的双手去创造属于我们自己的世界。

我国知名主持人，北京外国语大学阿拉伯语系教师何炅说："工作，独立获得食物是尊严。"一个人只有具备了独立精神，才能在迈入人生新起点的时候，产生一种"置之于死地而后生"的勇气，能让自己适应工作中的任何挑战，不仅能对自己的未来负责，而且对自己的公司、对自己的父母，甚至于对社会负责任。

没有经济上的独立，就很难有人格上的独立。而经济上的独立，就必须靠自己辛勤的工作来实现。一个在人格上有缺陷的人，在这竞争激烈的职场上，很难有所作为。一个有独立人格的人，其价值取向永远不可能与周围的人等同，以自己的价值取向、以自己的思维方式来决策所处的事情，不受他人的摆布、不随波逐流，时刻都能保持清醒的头脑。这样的人，无论他做什么事情，都能按自己的方式来做，并且做得更好。

一个利用工作来让自己拥有独立人格的人，不但能干好生活中的那些平凡小事，还能做好那些有影响的事业。

3.

要想生活得有意义，就得好好工作

工作是我们获得自我满足的源泉，它为我们的生活增添了许多动力和活力。德国哲学家、天文学家康德曾经说过，工作是使生活得到快乐的最好的方法。因此，我们要想生活得有意义，就得好好地工作。

工作不但让我们经济独立，还影响着我们的前途和梦想，影响着我们在生活中的自我满足感的实现。这是因为，我们在工作中不断感受自我、发现自我，最终实现自我。所以，我们要懂得在工作中发现细微的闪光点，用于点缀我们的生活。正如俄国哲学家和作家赫尔岑所说："一个人没有一定的工作，总是耐不住的。动物认为它的整个工作就是生存，而人只有在得到工作的机会时，他才认为生活是有意义的。"

无数在事业上取得巨大成就的人都清醒地意识到，一个人要想生活得有意义，就不能放弃自己的工作。我们可以想象一下，当一个人有了足够多的物质基础之后，如果整天闲散、无所事事地生活，那将是一个怎样的场景呢。英国现代最杰出的幽默小说家、散文家和剧作杰罗姆说，除非一个人有大量的工作要做，否则他不可能从懒散、空闲中得到乐趣。所以说，工作是我们的精神寄托之一，是我们生存的一个必要手段。人类文明的进步就是靠每一个个体为了生存而进行的有意义的工作。

工作不但让我们为梦想中的人生蓝图而奋斗，而且让我们的价值在工作中得到更好的体现，更重要的是让生活变得更有意义。可以说，在这个世界上，除了工作能让我们获得物质生活和精神生活的双重享受外，再没有其他活动能达到这样的效果了。

王汉和陈明离开家乡到外地打工。在工作了一段时间后，王汉开始厌倦早出晚归的工作，天天梦想着发大财，为了能早一天不工作，他开始把大部分的工资用在买彩票上。看到他对工作越来越不上心，陈明劝他："还是好好工作吧，工作不仅仅是为了赚钱，更重要的是让我们的生活变得充实而有意义……"

王汉打断陈明："我看你就是苦命的人，要是有钱谁爱工作啊。"

一年后，陈明因为工作出色被公司提为副经理，而王汉也时来运转，买彩票中了大奖。中奖后，王汉不顾陈明的劝说，立刻就辞了工作。用一部分钱买了房子和轿车，因为不用上班，他每天要做的事就是开着车四处晃悠，饿了就到高级饭店吃饭。

几年后，王汉在大街上遇到陈明，此时的陈明由于工作出色，已经是公司大区经理了，他的年薪达到了六位数，公司还为他配了专车。

而王汉呢，虽然也不缺钱，但人显得没有一点精神，一副没精打采的样子。他看着意气风发、春风得意的陈明，有点羡慕地说："真奇怪，你每天那么辛苦地工作，怎么精神还这么好。"说着又看看自己："我虽然好几年不工作了，吃得也不错，但总觉得生活没有一点意义，每天就是吃了玩、玩了睡，照这么下去，我觉得自己真的要发疯了。"

陈明笑着说："你知道让你生活没有意义的根源在哪里吗？"

王汉摇摇头。陈明接着说："是因为你失去了工作。"看到王汉不解的样子，陈明又说："我早就说过，工作并不仅仅是为了钱，更多的是为了让我们的生活变得充实而有意义。"

王汉不解地问："工作能让生活变得充实、有意义？"

陈明点点头说："是呀，工作饱含着我们想要的一切，在我看来，工作意味着我们永远不会寂寞，特别是当我们成功地完成了一项工作的时候，心里就会有一种难以言喻的喜悦与欣慰，从而增强自己的进取心和自信心。"

王汉听后恍然大悟，说道："你说得对，现在我这种日子实在没意思。吃得太饱，我不断地发胖；睡得太久，我的大脑变得迟钝。我还经常觉得心里寂寞、烦躁，特别是当我每天早上醒来时，想到自己这一天又将在无所事事中度过时，我有一种宁愿下地狱，也不要再过这种生活的决心。"

陈明说："我很理解你的心情，你说的这种日子使你没有理想，没有创造，这种心灵上的煎熬，要比上刀山、下油锅更让人受不了，要想改变这种状况，你就得找事情来做。当你专注地做一件事时，你的生活将是另一种样子。"

后来，在陈明的建议下，王汉又找了一份工作。虽然工资不高，但王汉却觉得非常开心。

这个故事告诉我们，一个人最好的生活方式，不是有吃的、玩的就可以了，更重要的是要工作。工作是生活的一部分，除了给我们提供物质的回报外，更为重要的是为我们提供了实现自己生命价值的舞台。我们只有在工作的这个舞台上，才能体验到工作的成就感，享受到工作与生活带给我们的无限激情和意义，感受工作过程的无限幸福和情趣！

工作让我们每一个人明白自己存在的价值，这种价值就是能够为别人提供优质的服务，并以此来换取别人对自己的服务。一个人只有坚信自己活在世上于他人有益，甚至是他人的生活支柱时，这就会成为一种精神鼓励和精神力量。一个人的快乐和自信很大一部分来自自己有足够好的工作能力。

我们工作固然是为了取得维生之资，但也更是为了使生活有重心、有意义，对社会有贡献，使生命有价值。工作永远是人类生存的最可靠的手段，是健康的保障和智慧的源泉，是让生活变得有意义的唯一途径。

英国作家塞尔斯·L. R说："对大多数人来说，工作不仅仅是一种必需，它还是人们生活的焦点，是他们的个性和创造性的源泉。"人只有在工作着的时候，才是最美丽、坚强的，如果我们没有了工作与事业作为支撑，再富足的物质生活都会变得苍白无力、不堪一击。

造物主是最公平的，它赋予了我们每个人工作的权利，它在创造人的时候为每个人都留了一个根，这个根就是存在于工作背后的一种无形的精神力量。这种力量是我们自从脱离蒙昧以来就一直在追求的力量，那就是通过工作来发现自己究竟有多少潜力。正是这种精神力量，推动我们在工作中不断进步和成长。时间长了，就形成了这样一种一步紧接一步的无穷推进过程：工作——追求——成长中的工作——继续追求——在工作中继续成长……总之，我们的所有潜力需要用工作来挖掘。如果一个人对工作失去了兴趣，那么他也会对自己的生命失去勇气。

有人说，工作是我们享受生活的延续。我们要想真正的获取快乐，就应该把工作当作生活中不可缺少的一部分。而当我们把工作变成生活中的一部分乐趣时，就无关薪水多少了，即使再少的薪水，你也会快乐地去工作。

在人们眼里，她是千万富婆。可是在同事眼里，她既是一位敬业工作的清洁工，又是一位具有亲和力的班长。工作中有什么重活、脏活，身为班长的她都是抢在同事们面前去做。垃圾车来了，要把垃圾桶往上挂，她也是第一个往上冲。

她叫余友珍。在20世纪80年代，她用起早贪黑、辛苦攒的钱在村里第一个盖起了三层楼私房。那时到武汉打工的外地人越来越多，她就将空余的几间房用于出租。攒了钱后，又盖房又加层，几年下来，她共拥有了3栋5层楼的私房，大多用于出租。2008年开始赶上征地拆迁再建，她居然先后分得21套房子。除了卖掉的四套外，这些房子都用来出租，现在她家的资产最少也有千万了。

从1998年起，失地后的余友珍除了种菜，没有别的专长。但她想尽一切办法去找工作，后来，经人介绍，她曾到武昌东亭一家印刷厂给20多号工人做饭。这份工作干了两年多，印刷厂倒闭，她再次失业。但余友珍一天都闲不住。后来，在别人的介绍下，她在武昌区城管局当环卫工人。

余友珍说："我挑过20年大粪，以前种菜时，下午五六点钟，城里工人下班了，我们要到田里浇粪，一直浇到晚点八九点。一辈子苦惯了，不做事心里不踏实。还有，我特别享受工作之余的休息。当我工作了一天后回到家休息时，那种惬意，是不工作的人体会不到的。"

在武昌区城管局当环卫工的她，一周只休息一天，凌晨3点半就要到岗。工作中，常常被人冷眼相看，但她仍然乐此不疲。她说她非常享受工作的过程。

余友珍的工作是负责约3000米马路的保洁，每天要沿街来回清扫6个小时，擦洗8个垃圾箱。一天记者在现场看到，余友珍拿着湿抹布，弯腰擦了一会儿，箱体表面很快就结了一层冰碴儿。

在她的影响下，她的儿子在东湖风景区当司机，月薪2000多元；女儿也是上班族，月薪3000多元。她多次对儿子和女儿说："你们要是不好好工作，我就把房子捐给国家。"接着她语重心长地说道："在我看来，工作最重要的是让我们独立起来。人要生活，靠谁都不如靠自己。说句不好听的话，就是有一天所有的人都嫌弃你，只有工作不会，只要你善待工作，它就会一直陪着你，为你带来快乐和财富。"

现在的余友珍五十多岁了，她仍然凌晨3点半上班，一次打扫得要两个多小时。扫到6点多，城管部门会给环卫工配送早餐，有包子、馒头、豆浆。早餐一周只送两次。不送饭时，余友珍会带点米来，煮一锅稀饭，就着咸菜当早点。

清扫班里的很多同事都想不通，没事时就问她："你家里那么有钱，还要来吃这个苦！"

对此，余友珍有自己的说法："在我看来，要想让生活变得有意义，就得好好工作。我觉得工作好比是一个财富的聚宝盆，我们只要不断地付出劳动，盆里就能源源不断地涌现出金银财宝来。让我们感到最安全、最充实、最快乐的赚钱方式，就是工作。"

从余友珍目前的经济来看，她完全可以不用再去辛苦工作，但她没有把那些靠着拆迁得来的钱当成安逸休息的理由。在她看来，要想让自己安心地、更有意义地生活，就得把工作做好。工作既是生钱的聚宝盆，又是快乐的发源地。

正是这样的想法，才让余友珍如此热爱自己平凡的岗位；正是这样的想法，才让她在自己平凡的岗位上，用自己默默无闻的行为坚持工作，坚守着自己的人生准则，诠释着她对工作的独特见解；正是这样的想法，才让她即使拥有千万房产，也不放弃自己的工作。

拉·封丹说："要工作，要勤劳：劳作是最可靠的财富。"因为我们即使有再多的钱，花完后如果不工作就不会再有的。只有工作，不但能持续地为我们创造财富，还能让我们体会到生存的真正意义，所以说，我们工作既是为自己的人生奋斗，也是在为生活增添乐趣，有工作的生活，才是丰富多彩的，这样的生活，能让我们体会到最幸福、快乐的人生。

工作是让我们生活得更有意义的唯一途径，我们一定要对自己的工作有爱的情怀，寄托全部的精力和热情，视工作为职责，并且把它当成自己的义务。当我们把工作上升到这个层面时，想不热爱工作都很困难。

下面，我们就讲一下工作带给我们的一些好处：

1. 工作是人类最美好的表达方式，也是我们用来履行自己义务的主要表现方法。通过工作，我们对社会集体的利益和人类的进化做出贡献。工作是我们自我表现和自我保存的不可或缺的组成部分。

2. 工作是灵性的表达。我们的日常工作与我们的灵性表达是不可分割的。日常生活中的琐事能使我们的灵性得到进一步升华，所以说，我们的工作就是灵性显露的地方。

3. 工作是最伟大的老师。在工作中，我们会发现在学校的学习无非就是理论的铺垫，我们真正的课堂是社会，而在社会中我们主要的活动就是参与工作，在工作中，我们无论是见识还是才干都会得到增长。所以，说工作是最伟大的老师一点也不过分。

4. 命运通过工作揭示。当你忠实于分配时间给自己的工作时，你的命运将忠实于你。假如你眼下失业的话，那么就让寻找适当的工作成为你的全部工作。如果你找不到适合自己的工作，这兴许该是你开始自己梦寐以求的创业的时候了。绝望的处境常常能激起人们采取富有戏剧性的行动。

5. 生命通过行动得到升华。如果你博学多才，见多识广，但是无所事事，蹉跎光阴，你的学识于己于人皆无价值。即使是一位哲学家，也需要谈论自己的信仰，或者著书立说，这样别人才能从他那渊博的智慧中受益。作为成年人，我们为了赡养自己和别人而工作；作为长者，我们为了保持身体康健，潜心思索过去的人生和未来的人生之途，向那些需要指点迷津的人们奉献我们的经验和时间而工作。根本的一条是，只要你活在这个人世间，你就无法逃避工作。这里的工作指的是行动。

6. 工作是最崇高的祭品、最崇高的牺牲。倘若你尽职做出牺牲，你无须做任何别的事情。巴格瓦吉塔说，献身职责，我们就能达到完美无缺。当我们以一种超然感履行自己的职责时，所从事的那项工作就会变成一种对上天的牺牲，因而是对我们造物主的祭品。

4.

工作让我们体会到成长的快乐

法国著名的雕塑艺术家罗丹说，工作就是人生的价值、人生的欢乐，也是幸福之所在。事实也的确如此，对我们每个人来说，工作不仅带给我们无尽的幸福，还让我们体会到成长的快乐。

当我们初涉职场时，由于对工作是一窍不通，心里既紧张又恐惧。随着工作时日的增加，我们那颗彷徨的心会慢慢地被忙碌填补起来，被疲惫占据，但也会渐渐感受到成长和获取知识的成就感：为了把工作做好，我们需要拓宽、加深、提高自身的技能，这时我们就得不断地用学习来武装自己。在学习的过程中，我们的知识、应变力、决断力、适应力以及协调力也在悄悄地发生着变化，让自己从一个在工作上不知道如何入手的人，发展成为一个能胜任自己工作的优秀员工。在这个蜕变的过程中，我们体会到的将是成长的无限乐趣。

董丽是2005年某农业大学的本科毕业生，和许多大学毕业生一样，为了找一个自己满意的工作，她几乎跑遍了这所城市的所有的人才市场，然而她所学的水产养殖专业使她的求职范围受到局限。她零星地在几家单位工作实习了一段时间，有的工作是单位感觉她专业不对口，有的工作是她自己感觉不适应，就这样，她在很快找到工作后又很快地失业了。

在失业这段时间里，董丽对工作有了新的认识，她觉得，即使拥有再高的文凭，在干工作时，也都要从头学起。对自己来说，现在最重要的不是薪水，而是首先要学会如何去工作、如何去获得工作经验，这就需要打基础。

直到半年后，她才找到了现在这份酒店管理工作。这时的董丽，怀着对工作学习的心态，在通过几轮筛选后，顺利地被录取了。

她刚来公司时，是从最基本的扫地端盘子干起的，在门口迎送客人，和同事一起大声说出“欢迎光临，欢迎下次再来”。

她为客人端盘子时，一次要端上四五杯咖啡，因为托盘是塑料的，很软，还不能把咖啡溅出来弄脏杯沿，所以，她花了好长时间才掌握了其中的技巧。

就这样，董丽经过六个月的刻苦实践，逐渐掌握了餐厅工作的所有程序，看她工作能力提高得这么快，公司提前同她签订了三年的用工合同。

半年的工作，让董丽既体验到了成长的艰辛，也体味到工作的快乐，她从学习咖啡的基本知识、在服务现场感受客人的需求到收银台细心收银、在吧台调制饮料，从遇到外国客人用并不熟练的英语和他们勉强交谈到她能够用一口标准的英语和每一位外国顾客顺利地沟通……让她觉得这里的每项工作都很适合自己。董丽兴奋地对朋友说：“原来在最基层体验有这么多乐趣，原来在工作中成长有这么快乐的体会。”

由于董丽在工作中进步很快，公司决定把她作为储备干部，一年后，不但为她加了薪，还升她为大堂副经理。

此时的董丽在描述自己的工作时，快乐地说：“当我在工作中和我的顾客愉快地交流时，心中那份快乐，是无法用语言形容的。总之就是一句话，工作带给我们最大的收获就是体会到成长的快乐。”

董丽之所以能够如此深切地体会到工作成长的快乐，是因为她善于抓住工作机会，并不断地在工作中学习，才让自己从刚毕业时的懵懂时期，逐渐步入成熟的工作中来了。

在职场上，我们每个人的机会是一样的，只要我们怀着满腔的热情和激情来迎接眼前的工作，就能像董丽一样，体验到成长的乐趣，并以积极乐观的心态对待生活、对待工作、对待成长，在工作中享受成功，在成长中享受生活，在工作的舞台上施展自身的才能。

米兰·昆德拉说过，生命属于我们只有一次，时间不会为我们的欢笑或泪水停留。因此，我们只要把自己的身心投入工作中去，努力工作就会充实快乐，也会使自己在工作中得到不断的成长。

其实对我们每个人来说，工作成就不分高低，也无论大小。无论我们从事什么样的工作，只要自己投入了、付出了并得到了回报，只要自己心中满意、感觉很好，就能在深爱的岗位上做得不错，那么这就是进步和成功。

身在职场，我们要清楚地明白，不是工作需要你，而是我们需要一份工作。工作不但让你变得独立，还让你成长、成熟了。所以，当我们觉得对工作的态度发生了消极的变化时，或者当你觉得自己在公司可以不可一世时，或者当你发现自己对工作已经失去了兴趣时，你都需要用这句话提醒自己。如果你坚持时常这样提醒自己，你就懂得怎么珍惜工作了，你也就不会在工作中那么的烦恼和不愉快了。

欧洲有位叫乔治·桑德的女士在一封书信中曾对成功有一番惊人的定义：由个人努力而倍感幸福。其实也就是说，成功就其意义而言，应该是很个人化的事情。也就是说我们应该懂得享受成功，即使成功是眼泪换来的，但也要有欢笑为它加冕，有时候我们需要用心去发现、用心去体会，就会看到我们忽略了许多构成我们生命之链的、最近最真的细碎快乐。

岗位再小，也要坚守。要想让自己在工作中体验成长的快乐，就得具有爱岗敬业、无私奉献的精神，这样才能在平凡的岗位上创造出不平凡的业绩。工作是累、是辛苦的，但是真正的付出后获得的那份满足才是人生最大的乐趣，尤其是自己喜欢的工作，更能给人以欣慰与快乐！

一个木桶能装多少水，取决于最短的那块木板；一个人工作快乐的程度，取决于自己在成长中取得的那一点点进步。所以，我们对工作的热情是远远不够的，还要不断提高自身各方面的能力。于是，工作之外，学习业务知识、学习沟通技巧、学习为人处世，让自己在工作中自觉锻炼自己，摆脱成长的迷茫，勇于克服困难。

无论我们梦想的天空有多么高远，它必须建立在现实的土壤上。我们在工作上的成长更是如此，只有认真、踏实地做好眼前的工作，努力进取，趁着大好青春来奋力拼搏！阿·斯米尔诺夫说，天才不能使人不必工作，不能代替劳动。要发展天才，必须长时间地学习和高度紧张地工作。我们要想成为事业有成的成功者，就必须先经历工作过程中的许许多多的磨难和挫折，这样才能有见到彩虹的那一天。

5. 每一份工作都来之不易，你要学会珍惜

在我们的职业生涯中，不是每一个人都能拥有一份工作的，经常有很多人处在找不到工作的处境。这从我们找工作时就能体会到，通常一个职位，会有几百人甚至上千人在和我们竞争。所以说，每一份工作都来之不易，我们既然拥有一份工作，就得会学珍惜。

珍惜岗位是一种责任、一种承诺、一种精神、一种义务。我们只有珍惜岗位，才能爱岗敬业，尊重自己所从事的工作，才能精通业务，不会被淘汰。

然而在现实生活中，有许多人都不珍惜自己的工作，有的还会说："找工作真有那么难吗？我有工作，还不想好好干呢！"如果你对工作怀有这种态度，这只能说明你太不懂得珍惜了。

身在职场，我们必须清楚，在竞争日益剧烈的职场，不是人人都可以有一份工作，还有很多人在为找不到工作而发愁，当你对自己的工作感到厌倦时，说不定已经有人在觊觎你的岗位了，稍有疏忽，你就有可能失去它。所以，你拥有一份工作是幸运的，如果你不懂得珍惜来之不易的工作，就有可能把已经得到的幸运拱手让了出去。

刘磊是计算机网络技术专业的专科毕业生。毕业后第二年，他被一家大公司聘用。可是工作两年后，他嫌薪水低，工作强度大，经常在工作上挑三拣四的。由于在工作上不积极，他的工作能力一直得不到提升，后来被新来的员工取代了位置。

刚从公司离开时，刘磊感觉到无所谓，心想，反正自己有两年多的工作经验，不愁找不到工作，说不定还会比原来的工作好呢。几个月来，他参加过很多人才市场的招聘会，也在网上投了上百份简历，虽然有几家公司让他去面试，但是让他想不到的是，去后发现别看只有一个职位，薪水也不高，但却有几十个人来竞争，而且很多都是比他学历高、有经验的人。

就这样，半年过去了，刘磊仍然没有找到合适的工作。他感慨万分地说："看来，找一份工作真是太难了，早知这样，我真该好好珍惜自己之前的那份工作啊。"

不是每一个人都能拥有一份工作，同样也不是每一个拥有工作的人都懂得珍惜自己的工作。但是我们作为一个社会人却是离不开工作的，否则我们将没法在这个社会上生存和发展。

现在有些人总是这山望着那山高，总想换到舒服的、有高薪的岗位上去，通常是本职工作还没做好，就急着找关系走后门，以达到自己目的的人将会第一个被淘汰。

有些人认为工作是上天的安排或是与生俱来的，其实不是。在物质社会中，工作是我们大多数现代人赖以生存的基本形式之一，有工作才能够安身立命，有工作才能让自己生活得快乐。同时，你又是幸运的，因为你已经拥有了一份工作，只要你懂得珍惜，就不会轻易失掉它。

陈山在大学毕业之前就被一家公司相中，双方签订了工作协议。许多同学都羡慕陈山能有这么好的工作机会。可是在参加工作以后，陈山发现工作远不像自己想的那样，每天都是面对电脑中的一堆代码，处理程序中的问题。他很快就厌倦了这样的工作，做事也不像之前那么用心了。和他一起进入公司的同事小江，刚开始的时候，也感觉有些不适应，但是他想到现在竞争这么激烈，自己能得到一份工作就已经很不错了，如果自己不好好珍惜，很可能就会失去这份工作。

过了一个月，小江已经完全适应了工作的环境。一天，经理把新员工叫到他的办公室，对他们说："大家来公司已经一个多月了，相信一个月的时间，大家都适应得差不多了。这么跟大家说吧，现在你们一共8个人，等到三个月的试用期满，公司会留下6个，2个被淘汰，谁走谁留，就看谁做得好，谁做得差。"听了经理的话，每个人心里都捏了一把汗。

如果在一个月前，大家的起点都是一样，但是现在，陈山知道自己和别人已经有很大的差距了，想到自己可能会被淘汰，他心里顿时后悔以前不珍惜工作的行为。陈山曾经和朋友去过招聘会现场，感受过"僧多粥少"的局面，现在回想起来，自己和那些没有工作的人相比真是幸运得多。

从那天开始，陈山就像换了一个人，每天早来晚走，工作十分认真。平时向老员工请教问题，和小江一起学习工作中的新知识，终于在两个月后的考核中顺利通过。这次经历让陈山知道竞争的激烈和工作的来之不易。

陈山的故事，给我们所有的人都上了重要的一课，那就是工作岗位不是为某一个特定的人而设置的，它是为那些具备了一定才能，而且珍惜工作的人而设置的。如果你不懂得珍惜自己的工作，那么就有适合这个岗位的人来代替你。

现在的就业形势非常严峻，那真可谓是僧多粥少。正如有些国内专家学者说的那样，当前，我国已经进入了充分就业的良性劳动力供需状态。所谓的充分就业是指劳动力市场保持一定的失业率。这个信息告诉我们，不是每一个人都能拥有一份工作。我国每年有数百万大学毕业生被拥着"赶"进不算太大的就业市场。严峻的就业形势逼得莘莘学子早早就展开了求职攻势，他们奔忙在学校、社会组织的各种供需见面会上，期望能找到一份心仪的工作。

我们要珍惜每一份工作，没有工作怎么能立身？但是现实生活中，很多人由于对工作的珍惜程度不够而被迫离开。其中，对工作不满、辞职不干就是典型的一种不珍惜自己工作的表现，同样的，那种无过为功、不思进取的工作作风也是不珍惜工作的表现形态。

随着科技的发展，人的很多工作都被机器所替代，许多公司或企业都在裁员。在工作越来越难找的今天，我们要想不让自己失业，就必须懂得珍惜自己所从事的工作。

第二章
珍惜你的工作，努力付出才有收获

罗素说："伟大的事业是根源于坚韧不断的工作，以全部精神去从事，不避艰苦。"对于我们每个人来说，工作就是自己伟大的事业，我们要像珍惜生命那样珍惜自己的工作。成功只属于有准备、勤奋肯干、永不放弃、执着追求、敢于挑战的人。我们要想在工作上获得成功，就得付诸行动，在自己的工作岗位上兢兢业业、勤勤恳恳、任劳任怨、不怕失败、肯动脑筋、敢于进取……因为只有努力付出才会有所收获，只有努力工作才会改变自己的命运，只有努力工作才会给自己创造美好的未来！

1. 你在为自己工作，珍惜工作就是珍惜生命

日本小说家、剧作家武者小路实笃说："我们每个人的工作在于提高人的价值，也就是从事着有益于自己，有益于他人的生活，有益于生命的工作。"工作是我们快乐的源泉，是我们实现人生价值的平台。在我们的一生中，有将近三分之一的时间都是在工作中度过的，如果我们怠慢工作，那么就是在浪费时间、浪费生命。我们所做的每一份工作，都是在为自己工作，我们在工作中付出多少就会收获多少。我们珍惜工作就是在珍惜自己的生命。

人生在世，每个人就得需要一份工作。如果我们想让自己的生命更加丰富多彩，就应该珍惜自己的工作，只有珍惜才会热爱工作，把工作做得尽善尽美，这样才能释放出自己对工作的积极性和创造性，百分之百地投入到工作中去，并让自己全力以赴地把工作做到最好，从而追求更加美好的人生，获得人生中的最高成就。

罗素说："伟大的事业是根源于坚韧不断的工作，以全部精神去从事，不避艰苦。"对于我们每个人来说，工作就是我们伟大的事业，我们要像热爱生命一样热爱自己的工作，像珍惜生命一样珍惜自己的工作，要全身心地去工作，这样，我们才能把工作做好。

杰克是一名电脑程序员，他非常珍惜自己的工作。在软件公司工作了五年多，五年当中，同事走马灯似的换，只有他一心扑在工作上。

有一天，杰克的上司罗马斯在开会时，忧愁地说："由于公司越来越不景气，大家的工资每月只能发一部分，当大家的生活费，剩下的钱等年底公司效益好了，再发给大家。”

听了罗马斯的话，杰克的同事们不满意了。会开过后，同事们发起了怨言，有的说：“我们有家要养，那些生活费怎么够？”

“是呀是呀，再说了，万一年底公司效益仍然不好，我们的工资岂不是就没希望了。”有的同事担心地说。

听了大家的议论，和杰克最要好的一位同事对杰克说：“看来这公司不能待了，如果公司破产的话，咱们不是白给公司工作了吗？”

杰克听后，说道：“你错了，咱们不是为公司工作，而是为自己工作。我觉得，咱们在公司工作一天，就得珍惜这份工作，只有把工作做好了，为公司创造了价值，咱们才能有更好的发展。”

“就目前公司这样的状况，咱们再卖力为公司工作，也好不到哪里去。等这个月发了工资，我就辞职，另谋高就了。”杰克的同事说道。

那次会议后，杰克的同事们陆续地离开了公司，唯有杰克，还像以前那样努力工作着。后来，公司又招了一些人。由于杰克是优秀的老员工，罗马斯就提升他为部门经理。当然，由于公司效益不好，杰克职位提升了，但薪水并没有涨。

有了公司的任命，杰克工作更卖力了。他经常对他团队里的员工说：“记住，我们不是在为公司工作，而是在为自己工作。我们把工作做好了，公司的业绩上去了，发展了，我们才不会失业。”

在杰克的影响和带领下，他的团队成长得很快，在不到一年的时间里，他们就为公司创造了骄人的业绩，公司开始慢慢地发展起来。那年年底，杰克和他的团队自动放弃了公司给的奖金。四年后，杰克所在的公司由最初的几十个人发展到了几百人。而杰克已经由一名程序员上升到公司的副总裁了。他团队里的成员，由于工作出色都担任了公司的高层管理职务。他们的薪水，已经是几年前的好几倍了。而此时，杰克当年那些辞职的同事，有的仍然在四处奔波着找工作。

杰克能从一名程序员上升到公司的副总裁，除了他的工作能力比一般人强外，更重要的是他明白工作是为自己，所以才像珍惜生命一样珍惜自己的工作。因为珍惜，他不在乎自己薪水的多少，只要自己能留在公司，就会努力工作；因为珍惜，他不但把所有的精力都用在了自己的工作上，还把自己的正能量传递给他的团队，用对工作的热情挽救了公司；因为珍惜，他和团队自动放弃了年终奖金，就是为了让公司更好地发展，这样自己才不会失业……正是杰克这种为自己工作的精神，发掘了他蕴藏着的内在活力和巨大的创造力，让他的自身价值在工作中完美地发挥出来。

黎巴嫩阿拉伯诗人纪伯伦说："从工作里爱了生命，就是通彻了生命最深的秘密。"我们只有像珍惜生命一样珍惜自己的工作，才能把工作做好，才能让自身价值淋漓尽致地在工作中发挥出来，这样我们才能让工作给我们的生命赋予光彩，让我们的人生变得更加有意义。

从古至今，看一个人的成功，完全取决于他的工作业绩。所以说，无论你是政界领袖、商界骄子还是军事统帅、学术巨擘；无论你是文化精英、艺术巨匠还是娱乐明星、宗教名流……每个人都需要一份工作。几乎所有完成伟业的人，在工作时都是像珍惜生命一样珍惜自己的工作，正是这样的精神，才让他们获得了非凡的成功。

身为员工，我们要懂得工作态度和价值观念，懂得珍惜工作的重要和必要，明白工作是在为自己，在拥有工作的时候，要尽全力做好它，这样既是对工作负责，更是对自己负责。因为你在工作中做出的所有成就，工作都会连本带利地回报给你。你工作有多成功，人生就有多精彩。

光阴匆匆，生命短暂，我们每一个人所从事的一切活动都将在有限的时空里凸显。工作的质量往往决定你是虚度时光还是充满意义，如果一个人的生命空间一旦盈满，他的生命就会自然完结，从这个意义上说，珍惜工作就是珍惜生命。

生命因工作而绚丽，我们要想把生命中的每一天过得充实、精彩，就要珍爱自己的工作，主动做好它。正如富兰克林说，做任何工作，需要你追求工作，而不是让工作追求你。只有这样，你才能在工作上做出一番成就。

2.

每一份平凡的工作都蕴含着机遇

身在职场,只要你细细地体会,脚踏实地地去工作,就会发现在每一份平凡的工作中,都蕴含着机遇。对于我们每一个人来说,只有抓住工作中的每一次机会,把工作的每一项任务都当成提升自己的一个机遇。这样,我们不但能够获得更多知识,还可以收获更多的机遇,为以后的工作打下坚实的基础。

在工作中,我们首先要能够认清自己的使命,勇于负责,带着敬业的态度,承担起重任,这样无论我们处于怎样平凡的岗位,都能在最短的时间发现机遇,并获得成长和成功的机会。

有人说,世界上最大的金矿不在别处,就在我们自己身上。我们只有认真对待自己的工作,怀着一颗敬业的心在自己的工作岗位上认真工作、不断进取、全力付出,这样才能让自己的才情在工作中凸显出来。

有个农夫拥有一块土地,生活过得很不错。但是,后来他听村里的人说,有的地里埋着钻石,要是能找到的话,就可以发家致富。

眼看着村里的人都到外地去找钻石发财了,农夫也蠢蠢欲动起来,他对自己每天日复一日地在田地里的辛苦劳动感到厌倦极了。为了让自己多一些得到钻石的机遇,他决定把自己的地卖掉,然后离家到外地去找钻石。

农夫说做就做,一个月后,他卖掉土地后,开始四处去寻找可以发现钻石的地方。然而,农夫走向遥远的异国他乡后却没发现钻石。最后,他囊空如洗,饥饿的他想起以前,那是他有一块让他衣食无忧的土地,可他却没有好好利用,到头来让自己落得如此凄惨的结局。他越想越后悔,终于在一天晚上自杀身亡。

而那个买下这个农夫土地的人在土地上散步时，无意中发现了一块异样的石头，他拾起来一看，晶光闪闪，反射出光芒。他拿给别人鉴定，才发现这是一块钻石。这样，就在农夫卖掉的这块土地上，新主人发现了从未被人发现的最大的钻石宝藏。

其实，这样的故事在我们现在的职场上随时都发生的，有许多人总是不满意自己目前的工作，觉得自己的工作又累又赚不到钱，想着各种方法去寻找高薪而又轻松的工作，但是找来找去，会发现自己眼中的“好”工作没有找到，倒是自己昔日的同事，一个个都在自己当初认为又累又不赚钱的职位上，又是升职又是加薪的。

只要我们留心，就会发现，世界上有很多成功者，都是从事过普通的、最底层的工作，但是，他们和一般人不一样的是：无论他们做什么样的工作，他们都是非常认真地去做，最终通过努力来证明自己的价值。所以，不要抱怨你自己没有机会，而是要扪心自问，当机会来临的时候，你在干什么？你认真分析过你手头的工作能给你带来什么样的成就和好处吗？你认真思考过怎样把这份普通的工作做到最好，成为行业第一吗？而你是不是常常在羡慕别人的职位和薪水，而忘记了自己的工作呢？

人生需要机遇相伴。机遇能帮助我们实现人生的目标，拥抱瑰丽的梦想；机遇能帮助我们走上事业的巅峰，品味成功的喜悦。正因为机遇如此重要，许多人才穷其一生的精力，为了寻找机遇而不惜一切代价。然而，他们却往往舍近求远，放着眼前的工作机遇不找，偏偏历尽千辛万苦去找那“雾里看花”的机遇。到头来自然是竹篮打水一场空。

请做好你眼前的工作吧，只要你肯用心，只要你舍得付出辛苦和劳作，这份工作既充满挑战，更充满机遇，说不定你会因此而改变自己的命运。

我们所羡慕的那些杰出成功的人士，他们之所以能在不感兴趣、一无所知的行业里做出让人仰慕的成就，这主要是他们尽管做着不喜欢的工作，但他们明白这份工作既然摆到了自己眼前，就要想尽一切办法做好它。只要先做好眼前的工作，才能做以后更难的工作。因为既然每一份工作存在，自有它存在的价值，只有你做好了它，才能在工作当中发现你具有什么样的价值。

每一个岗位都是实现人生价值的舞台。身在职场，只要我们用对待事业一样的态度对待我们的工作，把工作当成事业，就会让自己在职场中勇立潮头，不断超越，并且能够让自己在平凡的岗位上做出不平凡的业绩。

任何一份工作，只要你认真对待它、尊重它，并且在工作中不断思考，就能发现机会，创造不同凡响的人生。

桑迪·韦尔大学毕业后，揣着自由艺术学位的他要找一份金融圈的工作，但这个圈子只欢迎那些出身好、有钱、衣冠楚楚、人缘好的人才，这几个条件，桑迪一个都不具备。不过，他没有放弃，几经努力，一家华尔街颇有影响力的叫贝尔斯登的经纪公司录用了他。

他来到公司后，才得知自己的工作是跑腿，就是每天把证券凭证交付给其他公司。他接受了这份工作，每月工资才 150 美元。但他在股票经纪公司工作并不顺利，他羞于主动给客户打电话，拉的客户都是亲戚，第一位客户是他的母亲。

由于当时的股票市场不景气，他的业绩也不怎么好。但是，桑迪对工作非常认真、踏实，在他做跑腿工的时候，他就认为股票经纪是一个非常迷人的行业。他每天利用后台上班打杂的空闲时间自学业务，恳求公司领导让自己尝试参加经纪人资格的必修课考试。白天努力跑腿，晚上备考经纪人执照，他是自我奋斗成功人士的典型。另外，桑迪的学习能力很强，也非常能吃苦耐干，特别是他对工作非常认真。

虽然薪水不高，但他从这份工作中发现，自己还有演讲的天才。于是，他从起初不敢给陌生人打电话拉业务到最后成就为热情洋溢、极富煽动力的世界级 CEO、演说家，都说明了他从事的这份工作激发了他的内在能量，才给他以后的职业生涯带来了更好的发展。

桑迪·韦尔的故事让我们深深地懂得，天底下任何一份工作都蕴含着机遇，哪怕只是一个跑腿工，只要你努力去做，同样会成为能让你脱颖而出的机遇。

机遇不在学历，也不在出身和地位。只要你认真对待自己的工作、舍得付出劳动，就会发现每一个工作都是一个机遇，每件事都值得我们竭尽全力去做。而成功就是每个机遇累加的结果。面对每一项任务你首先要问的是，自己能从中学到什么新的知识，积累什么新的经验，只有端正态度、认真负责、心怀敬业的心，才能在机遇面前游刃有余。

在职场上，我们要勇于挑战，用机遇点亮人生。工作就是认真地做好它，认真工作就是机遇，自助者天助。当你把职业当成事业时，你就会踏踏实实、认认真真地把工作做好，等你工作做得出色了，自然会从公司脱颖而出，让老板发现你并且提携你。因此，在职场中，抓住机遇就是认真努力地工作，这样会让你在职场中勇立潮头、不断超越。

机遇是人生之旅中最璀璨的风景，邂逅或错失往往就在于你的一念之间。把握机遇，善待机遇，创造机遇，收获未来。只有把握机遇，才能彻底改变人生。无论是过去、现在或是将来，最有希望的成功者，并不是才能最出众的人，而是那些善于就近抓住机遇，又善于为自己创造机遇的人。

有首歌唱道："三分天注定，七分靠打拼，爱拼才会赢。"我们要想高人一等，先得付出努力。然而许多人却是拼命地去寻找捷径，宁愿在投机取巧上花费大量的时间和精力，也不愿意静下心来去做好自己的工作。最终，他们在绚烂的美梦与残酷的现实中反复徘徊，在抱怨与失意中度完那并不美好的一生。最简单的往往是最实际的。天下没有免费的午餐。你要拥有强大的实力，就得比别人多付出努力。

人生是一场没有终点的赛跑，我们要想让自己在某行业中变得优秀，就必须把全部精力投入自己的工作中，脚踏实地地把每一项工作做好，让自己成为公司里最好的员工。

任何工作，没有好坏之分，更没有高低之别，只不过是分工不同而已，当你在平凡的岗位上做出不平凡的成绩时，你就是一种成功。

每份工作都有它的潜在价值，如果我们只看到它的缺陷与单调，那么在职场上永远不会有好的发展。只有关注正在做的事情，并尽力做到最好，才能从中发现更多惊喜。

无论什么时候，我们都要记住，只要自己努力工作，就一定可以改变命运，一定会给你带来为你创造美好未来的机遇的！

3.

做好本职工作，体现自身价值

在职场上，最能体现我们自身价值的是做好本职工作。任何一个人，不管他学历有多高，他有多聪明，如果他不能做好自己的本职工作，那么他的才能就体现不出来。

每个人对美好生活都充满了憧憬，而做好本职工作则是实现人生价值的最好途径。身为公司的员工，我们只有做好本职工作，为公司发展做出应有的贡献，心里才踏实，生活才充实。保持做好本职工作的恒心和定力，能透过纷扰的世界看到自己的价值所在。

工作是人生的最大快乐。要真正做好自己的工作，我们就不能只把工作看作自己的谋生手段，还要明白自己的工作对于他人、对于公司、对于社会的意义。

要做好本职工作，我们就要做到干一行爱一行，热爱本职工作，就是要立足本职，以高度的敬业精神对待本职工作，把做好工作当作实现自身价值的具体体现，以公司主人翁的姿态出色完成本职工作，在平凡的岗位做出不平凡的贡献。

作为一名员工，你选择了什么样的职业，就得热爱它，努力地做好本职工作，在工作中投入自己的精力、才华和心血，让自己拥有战胜困难的勇气和信心，这样才能发挥自己的才能，让自己为公司做出一番成绩，从而体现你自身的价值。你在本职工作当中做出的成绩越大，越能体现你的价值。你的价值，会为你的生活以及以后的职场路铺就光明大道。

卡莉·费奥莉娜是惠普公司前CEO，当年她从斯坦福大学毕业以后，放弃了父母给她计划好的法学生涯，从加州大学洛杉矶分校的法学院退学，开始了职场征途。

和大多数人一样，卡莉当时对生活并没有任何计划，而且身无分文，四处盲目地关注招聘广告。作为学历史和哲学的大学毕业生并不好找工作，因此当一家房地产经纪公司给了她面试机会时，卡莉欣喜若狂。公司雇用了她，工作就是在公司前台负责迎来送往、接电话、转电话外加打字。作为秘书，或者说接待员，这份工作给卡莉带来了深远的影响，卡莉认为这份工作奠定了她的职业观。

她说："我之所以对这份工作全心投入，就是觉得自己既然选择了这一行，就得努力做好它，把自己的本职工作做到最好，这样不但能体现自身的价值，还能让自己从这份工作中发现自己的价值。"

从1976年第一份工作开始，到1999年7月底出任惠普公司首席执行官，不管她做什么工作，不管喜不喜欢，她在本职工作上都做得非常出色。而她每一次在职业上的成功转型，都是缘于她前一次工作的成绩突出。而这些瞩目的成绩，也是公司争相聘请她的原因之一，直到卡莉于2005年年初离开惠普，她独到的领导哲学以及经营能力受到各界推崇与肯定，连续六年被美国《财富》杂志封为"全球最有影响力的女性"。

正是因为卡莉·费奥莉娜能把接待员的工作做得那么好，才奠定了她的职业观，造就了以后的辉煌。由此可见，努力做好本职工作既是一个人最基本的职业道德，还会为自己将来找更好的工作奠定基础。

对我们每一个职场人士来说，尽职尽责，努力做好本职工作是天职，没有任何捷径可走。如果你连本职工作都做不好，敷衍了事、得过且过，不把工作当回事儿，那么，用不了多久，单位就不会拿你当回事，自然也就不会把重要的任务交给你，你就只能在公司做些小事情，久而久之，对工作没有激情的你，就跟不上公司工作的步伐，长期下去，势必会被公司遗忘甚至辞退。

做好本职工作，就要从现在做起，从小事做起。具体说要主动承担工作责任，知难而进，以大局为重，以公司的利益为重，尽心尽责，乐于奉献。这就要加强学习，提高业务能力，提高自身综合素质，在做好公司、部门交办事情的同时，献计献策，勇于创新，力争为公司的发展做出更大贡献。同时，要结合公司的企业文化，规范自己的行为，树立起正确的人生观、价值观、世界观，真正做到把工作当回事儿。

王圭技校毕业后，在一家合资企业仅仅从事邮寄资料和样品的工作。他认为这个工作既烦琐又没有价值，但一时又找不到其他的工作，只好先在这里待着。

由于不喜欢这份工作，他工作起来也不认真，经常发生邮寄错误。为此，公司让他写检查、交罚款、被警告，他几乎成为公司的反面教员。

有一天，他坐在办公室里，看着这一堆信件，想到自己这一天又要做这没有意义的工作时，心里一阵厌烦，就长叹一声做下来，对着窗外想心事。突然总经理走进来，他吓了一跳，赶紧手忙脚乱地整理物品。

总经理并没有批评他，而是和颜悦色地问："你在看什么？"

他只好实话说："我在看外面的大楼。"

总经理又问："看那些大楼干什么？这是不是跟你对今后工作的向往有关系？"

他跟总经理说出了心里话："我真正的理想是要做一个像贝聿铭那样的世界级建筑大师，设计出世界闻名的高楼大厦。"

总经理鼓励他说："你那个大厦都有什么功能？"

他来了劲头，眉飞色舞地说："第一层是有落地大窗的幼儿园，来大楼上班的人可以先把孩子送到幼儿园，工作疲劳时来幼儿园的落地大窗外看看听听孩子的欢歌笑语。二楼是银行、邮局和小超市，大楼里上班的人免得请假去远处。大楼的顶层是一个多功能大厅，可以当餐厅、舞厅和健身房。"

总经理又问："还有什么功能？"

他又兴高采烈地说："我的设计是在大楼里安装最全的现代生活工作设施。这是本地最高的大楼，能容纳五六万人。"

总经理说："还少了一样重要的东西你没有设计。"

他仔细想了想说："都有了，我已经想得很齐全了。"

总经理问："电梯和楼梯呢？这么多人怎么上去下来呢？"

王圭听了挠挠脑袋说："这个我还真忘了。"

总经理开导他："你现在做的工作确实和设计大楼没有直接关系，而我们公司在未来也不可能自己设计大楼。因此，在这里并不能实现你当建筑大师的梦想。但是工作中的敬业精神，认真仔细的态度，考虑周全的工作风格却可以通过你现在的工作培养锻炼。你现在常常把邮寄资料的数量、地址、接收人搞错，有谁会相信你能设计出来功能齐全的现代化大厦？我支持你将来去实现你的梦想，但要从现在的本职工作中培养实现梦想的职业化素质。请你认真写一份邮寄样品和资料的工作流程，再把你以前所有的失误变成培训案例。这些写好后，公司招聘一个做这项工作的新同事，你来培训他，等到新同事能够胜任工作了，你就去进修建筑设计，实现你的梦想。"

总经理的这番话，帮助王圭找到了做好本职工作的价值，他通过3个月的工作实践改进，写出了非常详细的工作流程和避免失误的注意事项，而且在这个过程中，他的工作出错率几乎降为零。

千里之行，始于足下；环抱之木，始于毫末。无论你有多大的理想和抱负，都必须先从你眼前的本职工作做好，只有把本职工作做好、做精了，你才有能力去实现你的理想。

一个人无论从事何种职业，都应该全心全意、尽职尽责地将本职工作做好，这样才能不断地进步和发展。这不仅仅是工作的准则，也是人生的原则。无论你身居贫穷困苦的逆境中，还是衣食无忧的顺境中，如果能把工作当回事儿，全身心地投入工作，最后都会获得工作的快乐以及工作带来的回报。

如果一个人不能全心全意地将本职工作做好，无论他认为自己多么辛苦与劳累，最终都将一无所获。只有真正能全心全意把本职工作做好的人，才能让自己在工作中养成追求精确和完美的习惯，有了这个好习惯，你才有实力去做更大的事情。

在任何一份工作中，从中得到锻炼才是最好的收获。我们一定要把工作当回事儿，努力做好本职工作，这既是一个人最起码的职业道德，也是对工作负责的一个最起码的标准。

对企业里的每一个员工来说，做好本职工作是你的天职。这就像保家卫国是军人的天职、教书育人是教师的天职、为百姓做事是官员的天职一样。这里没有任何条件可讲，也没有任何借口可说。如果你连起码的本职工作都做不好，总有一天，你会什么事也干不成的。

做大、做强是任何一个企业追求的目标，而这个目标，只能靠员工做好本职工作来实现。所以，如果要造就一个强大的公司，就必须打造一个尽职尽责、忠于职守的员工队伍。对企业的每一个员工来说，把工作当回事儿，做好本职工作是一个永恒的主题，是每一个员工最基本的职业道德。只有努力干好本职工作的员工，才能算得上是一个称职的员工。

4. 热爱工作的人更容易成功

纵观古今中外的成功人士，我们会发现，每一个成功者都有他不同的优势，但有一点是所有成功者共有的，那就是他们成功的起点，都是从热爱自己的工作开始的。正是因为热爱自己的工作，他们才不怕累不怕苦，在自己的工作岗位上兢兢业业、勤勤恳恳、任劳任怨、不怕失败、肯动脑筋、敢于进取……可以说，一个热爱工作的人，更容易成功。

俗话说，成功只属于有准备、勤奋肯干、永不放弃、执着追求、敢于挑战的人。而这些人，大部分都是能够肯定自己的职业、热爱工作的人。

比尔·盖茨是一个非常热爱自己工作的人。1975 年，他刚开始创办软件公司时，就非常热爱这份工作。那时的他，简直对这项工作着了迷，他对工作的热爱和投入可以说达到了废寝忘食的程度。除了白天工作，晚上他也会去加班。员工经常看到他在暮色降临时钻进工作室。第二天员工上班时，发现他还在那里工作。他这样通宵达旦地工作，在他的职业生涯中，几乎是常有的事。

比尔·盖茨有句名言："每天早晨醒来，一想到所从事的工作和所开发的技术将会给人类生活带来巨大的影响和变化，我就会无比兴奋和激动。"在他看来，一个成就事业的人，最重要的一点就是热爱自己的工作。他说，一个人只有热爱工作，才会对自己的工作感兴趣，才会出色地去做好自己的工作。

正是因为他对工作的热爱，他才在自己喜欢的工作领域中创造了非凡的成绩，正是缘于热爱工作，才让他成为当今世界上当之无愧的首富。卡耐基说过："除非喜爱自己所做的事，否则永远也无法成功。"不论从事哪项工作，热爱自己的工作，这是走向成功的第一步。

在我们的生活中，许多工作都是重复的、单调的，缺乏创新，因而很容易让人感觉枯燥与乏味。在这种情况下，如果一个人没有一种享受工作、把工作当成兴趣的心情，时间长了，便会觉得工作压力日益增大，情绪日益紧张，就会对工作产生一种抵触的心理，逐渐把工作当成一种苦役，从此对待工作得过且过、效率低下，不仅影响了公司的发展，还会导致个人职业生涯的失败。

为什么那些热爱自己工作的人容易成功，原因是他们不但能发现工作中的乐趣，还能把工作当成一种享受。因为爱，他们在工作上是执着坚定的人；因为爱，他们往往以轻松的心情对待工作，自然就不会有重压在身的不堪重负的感觉，从而有利于身心的健康，较之他人也更容易成功、更懂得生活的意义。

美国最著名的推销员，吉尼斯世界纪录大全认可的世界上最成功的推销员乔·吉拉德，从 1963 年至 1978 年总共推销出 13001 辆雪佛兰汽车，连续 12 年荣登世界吉尼斯纪录大全世界销售第一的宝座。他所保持的世界汽车销售纪录：连续 12 年平均每天销售 6 辆车，至今无人能破。

乔·吉拉德在谈到成功的经验时，说道："工作是通向健康和财富之路，它可以使人一步步向上攀登。而只靠 50% 的努力是不会为你带来任何成就的，因此你必须比别人、比同行业对手更努力才行。我之所以成功，就是因为我比对手更努力。"

"通往成功的电梯总是不管用的，想要成功，就只能一步一步地往上爬。"这是乔·吉拉德最爱挂在嘴边的一句话。凭着对工作的热爱，乔·吉拉德在工作当中自创了许多土法炼钢的行销做法，最终让他在上千汽车业务重兵集结的底特律，杀出一条血路。

因为有严重口吃，让得靠嘴谋生的乔·吉拉德特地放慢说话速度，比谁都更注意聆听客户的需求与问题。而没有人脉的乔·吉拉德，最初靠着一部电话、一支笔，和顺手撕下来的四页电话簿作为客户名单拓展客源，只要有人接他的电话，他就记录下对方的职业、嗜好、买车需求等生活细节，虽吃了不少闭门羹，但多少有些收获。曾有人在电话中用半年后才想买车的理由打发他，半年后，乔·吉拉德便提前打电话给这位客户。他靠着对工作的热爱，来掌握客户未来需求、紧迫盯人的黏人功夫，促成了不少生意。

因为爱自己的工作，乔·吉拉德不放弃任何一个机会。或许客户五年后才需要买车，或许客户两年后才需要送车给大学毕业的小孩当礼物；没关系，不管等多久，乔·吉拉德都会三不五时地打电话追踪客户，一年十二个月更是不间断地寄出不同花样设计、上面永远印有"我喜欢你们"的英文卡片给所有客户，最高纪录曾每月寄出一万六千封卡片。

"我的名字'乔·吉拉德'一年出现在你家十二次！当你想要买车，自然就会想到我！"展示着过去所寄出的卡片样本，乔·吉拉德的执着令人折服。

乔·吉拉德还特别把名片印成橄榄绿，令人联想到一张张美钞。每天一睁开眼，他逢人必发名片，每见一次面就发一张，坚持要对方收下。

乔·吉拉德有一个特别的习惯，喜欢在公众场合“撒”名片，例如在热门球赛观众席上，他便整袋整袋地撒出名片，他耸耸肩表示，“我同意这是个很怪异的举动，但就是因为怪异，人们才会记得，而且只要有一张落入想买车的人手中，我赚到的佣金就超过这些名片的成本了！”

就这样，乔·吉拉德仅花了三年时间就打响了名号，让人生演出大逆转。他第三年卖出 343 辆车，第四年就翻涨，卖出 614 辆车，从此业绩一路长红，连续十二年成为美国通用汽车零售销售员第一名，甚至变成世界最伟大汽车销售员。

十五年间，业绩突出的乔·吉拉德有很多跳槽、升迁的机会，但是他总是拒绝，他多次对别人说，自己太热爱自己的工作了，因为热爱，他才倾注了这么多心血。多年来，他名片上的头衔始终是“销售员”。选择当一辈子的销售员，是他对这份工作爱的体现，他曾经兴奋地指出：“今天我卖出 6 辆，明天我就渴望成交 10 辆！我感觉每成交一次，其实都像是被顾客升迁了一次！”

从乔·吉拉德的故事中，我们可以发现，任何人的成功，都是要热爱自己的工作。因为热爱自己的工作，他才愿意花费各种心思来把工作做好；因为热爱自己的工作，他才十五年如一日地坚持着；因为热爱自己的工作，他才愿意放弃跳槽、升迁的机会；也正因为热爱工作，才让他获得了今天这样的成功。

有人说，为爱好而工作更容易致富。事实的确如此。身在职场，我们一定要明白，成功的起点是热爱自己的职业。其实，无论从事什么职业，世界上一定有人讨厌你和你的职业，那是别人的问题，就算你是挖地沟的，如果你喜欢，认真去做，就会获得不同程度的成功。

在现代职场中，还有许多不热爱自己工作的人，他们通常是以当一天和尚撞一天钟的态度去应付工作，结果成了公司最失败、最没有成就的人。

一个不热爱自己工作的人，平时所体现出来的精神面貌是完全不同的，除了在平时工作中只能亦步亦趋地做事外，他所完成工作的质量和反映出的工作效率也是完全不同的。尤其是在工作碰到困难时，就显得一筹莫展。这样的人工作肯定是做不好的。工作一旦做不好，自然无法让公司和老板发现。这种人别说在工作或事业上取得成功了，就是能保住自己的工作不被炒掉，就已经算是走运的了，还有哪个老板愿意来提升他呢？相反地，一个热爱工作的员工就会极大地发挥个人的潜能，创造性地开展工作，克服困难，最终会让自己成为职场上的佼佼者而引起公司和老板的瞩目。当他有了公司和老板的认可和支持后，一定会在工作中大有作为的。

我们只有热爱自己的工作，才能对工作怀有满腔热情，主动地去工作、创造性地去工作；只有热爱工作，我们不仅会把它当成一种职业来做，更把它当成一种事业来奉献。

5. 在努力工作中实现自己的人生理想

我们每个人都会为自己设计一个美好的人生。但是如何去成就自己的美好人生，实现自己人生的梦想呢？或许每个人的答案各不相同。因为我们都知道，梦想与现实是有距离的，而要想缩短其间的距离，就是靠努力工作。

在工作中，我们只有不断地努力，才能让自己在工作中付出的汗水与泪水浇开梦想之花。随着工作中的事情一件件地完成，梦想实现的可能性也就越来越大。所以，实现梦想的阶梯就是做好一件件具体的工作，做好工作就等于在实现我们的人生梦想。

作为电脑行业的两个巨头，比尔·盖茨与迈克尔·戴尔都有着一致的信念和梦想。他们都认为自己的成功来源于自己努力的工作。比尔·

盖茨曾经说过:“我从小的梦想就是把计算机做成一个完美的工具,这也是我毕生的追求。现在,我已经走完了一半的路程。我希望,我最终结束工作的时候能够完全实现这样一个梦想。”

比尔·盖茨花了三十年时间,在追求理想的道路上走完了“一半”的路程。此时,在职业生涯剩下的若干年里,他是否能够圆满地完成他的目标已经不重要了,因为现在世界上已经有成千上万的人在追随和分享着他的理想。

努力工作之所以能实现我们的人生理想,是因为我们在制订自己的工作计划时,首先要明确自己的最终目标,这个目标是根据自己的理想制订的。所以,我们才会在努力工作中不让别人的意见淹没了自己心中的梦想。更重要的是,要有跟随梦想的勇气。因为你的兴趣和梦想决定了你最想成为什么样的人。任何其他的判断与之相比都是次要的。

正是人生的理想使我们的奋斗有了激情,才会勇于去追求,不至于在惊涛骇浪里不知所措。积极的人生梦想是指引人生的“罗盘”,而主动权就把握在自己的手中。

对任何人来说,实现自己的人生梦想,必须通过工作来达到目的。在工作中逐步向自己的梦想靠近,最终实现自己的梦想。

爱因斯坦虽然没有发现“统一场论”、没有最终实现自己的理想,但是他还是在理想之路上获得了令世人瞩目的阶段性成果——发现了狭义相对论和广义相对论,并启发了后来者继续他的伟大工作。

从这个意义上说,爱因斯坦的理想虽然没有实现,但仍然值得所有人敬佩和赞叹。因为他的工作本身就是为了实现梦想而进行,即使最终没能实现自己的梦想,但只要知道自己的这个梦想是积极的并且自己为此努力付出了,就依然是无怨无悔的。

通过工作,我们可以多做最擅长的事,专攻擅长的专业,发挥自己的天分与能力,注意弥补自身的不足。如果从事的工作和专业不完全对口,对这个领域你还很陌生,那么,你必须高度重视。倘若调换工作已无可能,那就赶快充电,抓紧一切可用的时间,通过多种途径的学习,使自己由外行变为内行。再加上不断努力的工作,实现梦想便指日可待了。

我们只有在工作中不断地争取上进、努力工作,为自己的理想而拼搏,这样我们就不会在繁忙的工作中和实现自己理想的道路上迷失方向了。

努力工作是我们实现人生价值，成就人生梦想最有效的途径。虽然工作不是人生的全部，但工作却占据了很多人一生 1/3 的时间还要多，而把工作做得有声有色，让自己的人生充满色彩和激情，需要做到以下几个方面。

1.要有明确的工作目的。每个人一生都要工作，但为什么工作、为了谁工作？有人说为了家人，有人说为了房子、车子，这些都可以说是工作的一个目的，但绝对不是工作的唯一目的，也不是最终目的。难道有了买了房子、车子，结了婚生了孩子以后我们就不再工作了吗？肯定不会。它们的实现仅仅是人生的一个小小的目标实现，是人生梦想的一个组成部分，是描绘人生画卷的一抹油彩。我们通过实现一个又一个人生的小目标，才能充分体现我们人生的价值，实现我们人生的总体目标，也就是最终实现自己的人生梦想。

我们在工作过程中，个人能力一点点得到提升，经验一点点得到积累，成就感一点点增加，人生价值一点点得到体现，越来越受到大家的重视和尊重，我们同时就会感到工作起来十分开心和有意义，我们会从工作中获得快乐和尊严。成就、价值、重视、尊重、快乐、尊严这些代表了人生辉煌的词汇都是我们在一生工作中最想得到的。所以，我们就算不为别人，我们也要为了自己，为了我们美丽的梦想而努力工作。

2.要有端正的工作态度。美国前教育部长曾说："工作是需要我们用生命去做的事。"对于工作，我们绝不能懈怠、轻视和践踏它，而是要用感激和敬畏的心情把它做得更好。

很多人花费时间去逃避工作，却不愿意用相同的时间去努力完成工作，这些人以为欺骗的是别人，其实愚弄的是他自己。我们知道不付出惊人的代价，没有不懈的努力，没有克服重重困难，是根本无法实现自己的梦想的。升迁和奖励是不会落在那些不努力工作的人身上的。任何人都要经过不懈的努力才能有所收获。收获成果的多少取决于这个人努力的程度。只有永远保持努力的工作态度，我们才会得到他人的称许和赞扬，才会赢得上级的器重，同时才能获得可贵的自信。

有的人认为，工作努力的程度和工资应该是成正比的。工资拿得多，工作才应该干得多。他们是没有对自己在工作中的价值有一个正确的认识:不懂得工资是从公司领来的;不懂得丰厚的物质回报是建立在自己辛勤工作的基础上的;他们更不懂得即使工资少也可以利用工作机会提高自己的能力,以求在新的工作岗位上获取自己应该得到的东西。

3.要有先进的工作方法。工作无小事。海尔集团总裁张瑞敏先生说:“把每一件简单的事做好就是不简单,把每一件平凡的事做好就是不平凡。”在工作中,凡事勿急功近利;先要历练自己的心境,沉淀自己的情绪;从零做起,从小事做起。“每个人的工作,都是由一件件的小事构成的……所有的成功者,他们与我们都做着同样简单的小事,唯一的区别就是,他们从不认为他们所做的事是简单的小事。”其实,人生就是由这许许多多的微不足道的小事构成的。从小事做起,是最正确的工作方法之一。

凡事预则立,不预则废。无论在进行任何一项工作之前,我们都应该有周密的计划和合理的安排,不至于使工作在进行中陷入被动,而使行动和计划搁浅。有这样一些人,从表面上看,他们工作好像很敬业、很努力,可是结果并不是特别令人满意,原因就在于做事情没有“多想几步”的习惯。凡事多想几步,我们就会发现工作好像变得轻松多了。

4.要有做优秀员工的志向,还要有做优秀员工的能力。有人认为,古往今来,没有领导会喜欢一个有异心的职工。公司对忠诚的职工非常赏识,那么是不是拥有了忠诚就是一个优秀的职工了呢?如果这样想就大错特错了。忠诚是根本,但不是全部。忠于公司是我们必须做的事,但并不意味着那就成为一名优秀的职工。要想成为既能跟领导同舟共济,又业绩斐然的职工就要在忠诚的同时,还必须拥有令人刮目相看的业绩。

改进自己的工作方法、改变自己的工作思路、积极提高个人业绩是每个员工必须努力去做的事。因此,我们必须具有主动改变、主动创新、主动进取的意识和能力。

第三章

珍惜工作，用感恩的心态做好本职工作

感恩是一种生活态度，感恩是一个人心灵美好的起点，用感恩的心来看待工作，你才会懂得珍惜工作，懂得了珍惜工作，你才会带着感恩的心态做好本职工作。在工作中注入珍惜和感恩，能让你找到幸福的入口，让你善于发现工作中的美好之处，感受平凡工作中的美丽。让我们怀着一颗感恩的心来看待自己的工作吧，这样我们才会更加珍惜自己的工作机遇，在工作中发挥自己的才能，用心工作，善待工作，把工作做精做好。只有懂得感恩，我们才能把本职工作做好；只有懂得感恩，我们才能够获得最大的成功。

1. 用感恩的心来看待自己的工作

在上天赐予我们的所有礼物中，工作无疑是最美好、最宝贵、最神圣的礼物之一。工作为我们提供了稳定的薪水，解决了衣、食、住、行等生活所需，给了我们实现人生价值的机会，我们应该用感恩的心态来看待自己的工作：感恩公司为我们提供自我发展的空间和实现自我价值的平台；感恩孜孜教诲、引导、培养我们的领导，感恩在我们困难时帮助和鼓励我们的同事，感恩信任我们的客户，感恩一切帮助我们的人……

“滴水之恩当涌泉相报”，当我们常常怀着一颗感恩的心去看待公司、看待领导、看待同事时，你将会发现工作是多么快乐，和同事在一起工作是多么快乐，自己的生活是多么快乐。学会用感恩的心来对待工作，这会使你工作更好，生活更加充实。

让我们怀着一颗感恩的心看待自己的工作吧，这样我们才会珍惜这个工作机遇，在工作中发挥自己的才能，用心工作、善待工作，不要等到失去时才发觉它的可贵。除了工作，没有哪项活动能提供给我们施展能力、提供自我的舞台。

带着感恩的心去工作，你就会懂得，工作不仅是我们谋生的手段，更是我们自我成长和实现自我价值的一个平台。没有了这个平台，我们的能力则无从体现。所以，感恩会让我们更喜欢自己的工作。

心怀感恩，工作中才会多一些宽容和理解；心怀感恩，才让我们明白自己所拥有的工作是如此美好；心怀感恩，你的工作将与众不同。

小何是名牌大学毕业的，人很文静。她在一家事业单位工作，单位里要写很多材料，她毕竟刚来，公文写作还不很熟，于是每次写好后，她都要虚心地先让办公室的老员工刘姐看看，等刘姐看完向她提出意见时，她更是千恩万谢，谢完后再认真修改。修改完，她再拿去请科长审阅。如此一来，她每次的材料都要花费很多时间，把工作带回家去做是常有的事情。

每当小何把材料改好拿给刘姐看，刘姐觉得已经没有什么可以修改时，小何就拿给科长去看，科长看后仍旧会东涂西抹，不留情面，哪怕可改可不改的标点符号，也要让小何改掉。小何每次都谦和地请科长批改。

对此，刘姐愤愤不平，她认为科长有“鸡蛋里挑骨头”的阵势，让小何向科长讲明情况，小何听后只是笑笑，不介意地说：“刘姐，我刚参加工作，要是没有您和科长的严格要求，我的工作就很难进步。我感谢你们还来不及呢。”

刘姐问道：“你真的这么想？”

小何连连点头，诚心诚意地说道：“是呀是呀，想想我刚参加工作时，什么也不会，是科长让我跟您学习，要是没有科长的严格要求，没有您的手把手地教，说不定我的材料永远没有资料送到科长面前呢。”

见小何如此谦虚，刘姐嘴上不再说什么，但以后更加认真地教小何了。

由于小何的谦虚勤奋或许还有才能，她工作能力提升很快。半年后，科长把小何推荐给上级宣传部门，于是，小何上调了。

有一次，上级要求科里写一个大材料，两天后，小何把材料修改好。科长让人先送到宣传部门说是请上级把关，这个材料得到了上级的好评。科长很满意，说小何还真行，自己没有看错人。就在科里当众表扬了她。

小何却说：“科长，您不能光表扬我一个人，得先表扬刘姐和咱们这些同事。我会写材料是他们教的，要表扬，也得表扬他们才对。”

刘姐和同事们听了小何的话，都争着说小何的好话。一年后，小何因工作出色，在科长和同事的荐举下又升职了。

事后，朋友们让她讲讲升职经验，她听后激动地说道："在我参加工作时，我爸送我四个字，一是感恩，二是宽容。能有今天，既离不开领导的提携、栽培，也离不开同事的帮助和指导。为了感谢他们，我每天上班后，都得用几分钟时间，为自己能有幸成为公司的一员而感恩，为自己能遇到这样的领导而感恩；为自己能有这样的同事而感恩。"

为了表达自己的感激之情，小何除了努力工作，平时在办公室里，她在做好自己本职工作的同时，干的杂活也最多，她每天都会早去十多分钟，打开水，清扫办公室的卫生等。等同事们上班时，她已经把办公室收拾得干干净净了。那时小何工作是最辛苦的，但她的薪水也是最低的。可她因为心怀感恩，每次做这些事情时，都是心甘情愿并且快乐的。

因为心怀感恩，小何会把领导的要求当成督促她进步；因为感恩，小何才在工作中不断积极地改进，让自己每天都在进步；因为感恩，小何用自己的宽恕换来了领导和同事的喜欢；因为感恩，小何才把自己的工作做得如此出色。

小何的故事告诉我们，只要你用感恩的心态看待工作，每一份工作都是有意义的，每一份工作都能让你感受到乐趣。

在工作中，我们要像小何那样，怀着感恩的心对待工作，当自己得到了老板的表扬和提升之后，既要感谢老板对你的赏识，又要感谢同事默默的支持。

怀着感恩的心工作你就会在意你的工作；在意你的老板、同事等，知道感恩的人，他的为人处世是主动积极、敬业乐群的，未来的前途不可限量。他们会成为公司的栋梁，这也是老板招聘人才的首要条件。因此，你不要忘了感谢你周围的人，包括你的上司和同事。感谢给你提供机会的公司，因为他们了解你、支持你。

学会在工作中向老板和同事大声说出你对他们的感谢，让老板知道你是多么热爱自己的工作；让同事知道你多么愿意和他们在一起工作。感恩是会传染的，当你对他们感恩时，老板和同事也会用同样的方式来表达他们对你的谢意。工作中若有感恩存在，工作环境气氛就会充满激情和活力。

感恩像其他受人欢迎的特质一样，是一种习惯的态度。真正的感恩是真诚的、是发自内心的感激，而不是为了某种目的，迎合他人表现出的虚情假意。在我们的工作中，我们需要用感恩的心态去对待工作，只有这样，我们才能迸发出极大的工作热情，才能为工作努力。因为感恩精神会激发你的积极心态，在你的感恩心态之下而凸显出来各种优秀品质，会驱动着你不断前进。

我们一定要把自己的感恩之情传递给公司的每一个人。在生活当中，我们可以为一个陌路人对我们的点滴帮助而感激不尽，为何就无视于和自己朝夕相处的老板和同事，给我们的种种恩惠呢。如果我们能怀抱着一颗感恩的心，情况就会不大不一样。即使老板批评了自己，即使同事误解了你，你也要感谢他们，因为是他们让你认识到自己的缺点，让你懂得了宽容。

每一份工作都无法尽善尽美。但每一份工作中都存有许多宝贵的经验和资源，如失败的沮丧、自我成长的喜悦、温馨的工作伙伴、值得感谢的客户等，这些都是工作中必须学习的感受和必须具备的财富。如果你能每天怀抱着一颗感恩的心情去工作，在工作中始终牢记“拥有一份工作，就要懂得感恩”的道理，你一定会有许多收获。

感恩是自然的情感流露，没有什么功利性，也是不求回报的。以特别的方式对老板表达你的感谢之意，付出你的时间和心力，为公司更加勤奋地工作，这其实比物质的礼物更可贵。

一位成功的职业人士曾说：“是一种感恩的心情改变了我的人生。当我清楚地意识到我在学历以及待遇上比别人都低时，我没有任务权力抱怨什么。相反地，我对所有的一切都怀抱感恩之情。我竭力要回报别人，我竭力要让他们快乐。结果，我不仅工作得更加愉快，所获帮助也更多，工作也更出色。我很快获得了公司加薪升职的机会。”

在职场中无论做任何事，都要把自己的心态放平，抱着感恩的态度，不要计较一时的待遇得失。不论做任何事都能甘心情愿、全力以赴，当机会来临时才能及时把握住。千万不要怨天尤人，觉得工作没有意义，结果做得心不甘情不愿，心存怨愤。

带着感恩的心去工作，就会包容别人的错误。一个一辈子不犯错误的员工不是好员工，一个第二次犯同样错误的员工仍然可能是个好员工。感恩会让我们变得宽容，与同事和谐相处。所以，感恩会让我们拥有良好的人际关系。

百花在尘世里争相开放，为世界增添最美的色彩，那是花儿对春天的感恩；落叶在空中盘旋，谱写着一曲感恩的乐章，那是大树对滋养它的大地的感恩；白云在蔚蓝的天空中飘荡，绘画着那一幅幅感人的画面，那是白云对哺育它的蓝天的感恩。因为感恩才会有这个多彩的社会，因为感恩才会有真挚的友情，因为感恩才让我们懂得了生命的真谛——同样，带着感恩的心去工作吧，成功就在眼前！

2. 感恩，从做好本职工作开始

常怀感恩之心是做人之本。在工作中，常怀感恩的心，会让我们做好本职工作。

做好本职工作，需要我们自觉坚守岗位；做好本职工作，体现在我们把工作做精、做好上；做好本职工作，就要在务实中创新。任何工作的开展和进步，都离不开创新。但创新并不是想当然，而是来源于实践，来源于艰苦细致的具体工作。因此，创造性地开展本职工作，求真务实，切忌心浮气躁，更忌弄虚作假。讲究务实，就应当从实处着手，做好职责内的每一件事，解决好每一个问题，扎扎实实，坚持不懈，这样工作就必有所成。

做好本职工作，还要乐于奉献。应当承认，由于分工不同，每个人的职责有轻重，权力有大小。权力越大，就意味着责任越重，更应当兢兢业业地做好本职工作；同样的，位处“低微”，也绝不意味着责任就轻了，作用就小了。因此，我们无论处于什么位置，都应当恪尽职守，勇于奉献。尤其是有些部门、有些岗位的工作十分平凡，也默默无闻，有的还相当清苦，这就更要求有奉献精神，甘于清贫，做出牺牲，做好服务。一个人有了这样崇高的精神境界，就不会计较个人岗位和名利上的差别和得失，就会扎扎实实地做好本职岗位上的每一项工作。

每一份工作都有各自的特点，每一个岗位对于公司来说都是不可或缺，我们既然选择了这份工作，在享受工作给我们带来的种种好处的同时，也要心怀感恩、满腔热情地对待它。对工作中的任务责无旁贷，一心一意地去做好它，这就是我们正确的态度。

这是一个大公司，在这里工作的人，绝大部分是高学历、高职位、高薪水。她是一位公司临时雇用的搬运货物的女工，每天的工作，就是在产品出厂时，负责把一箱箱产品装上车。可以说，她是全公司学历最低、活最累、薪水最低的员工。然而，她却是整个公司最快乐最感恩的员工。

每一天，每一刻，她都在快乐地工作着。她对来公司的每一个人微笑着，用一声"您好"的礼貌用语问候着她见到的人。

她是那么喜欢自己的工作，不但把属于自己工作范围之内的事情做得很好，而且还经常在工作之余，为公司打扫几百平方米的厂房。任何人，哪怕是一个来厂里订货的客户，只要是需要帮助时，她都会愉快地跑去帮忙，帮完对方后腼腆地一笑就离开了。

俗话说，快乐是可以传染的。她的快乐影响着公司里的每一个人，公司里的人很快被她感染，上到高管，下到和她一起工作的同事，都和她成了好朋友。没有人在意她的工作性质和地位。她的热情就像一团火焰，慢慢地，整个办公楼的人都在她的影响下快乐了起来，以往那种沉闷的工作气氛，在她的影响下也变得充满欢乐气氛。

公司的办公气氛的改变，被这个公司的老板发现了，当他得知带动这种快乐的工作氛围的人是一位临时雇用的女搬运工时，就怀着好奇心找到她，奇怪地问："能告诉我，是什么让你如此开心地面对每一天吗？"

“当然可以。”女搬运工笑得一脸灿烂，“因为我心中盛满感恩。”

“感恩？感恩谁呢？”老板疑惑地问。

“感恩的是公司啊！公司能给我这份工作，可以让我有稳定的薪水，解决了衣、食、住、行等生存所需；有了这份工作，我发现我原来还可以用自己的劳动赚钱；有了这份的工作，让我的心安定下来，驱除了个人在社会上的漂泊感。而我对这美好的一切唯一可以回报的，就是尽一切可能把工作做好，一想到这些我就非常开心。”女搬运工自豪地说。

“那你知不知道，你只是我们临时雇用的，万一有一天，公司不需要你了，你就又失业了。”老板试探地问道。

“那我也要感谢公司，别看公司只让我工作了几个月，但让我明白了，只要在工作中肯付出，无论在哪里工作，从事什么工作，我都要做好它。而我在从事其他工作时，我从眼前这份工作中所总结出的经验和心得，将让我受益一生。我自然要感恩公司曾经给我提供的这份工作的机会啊。”女搬运工微笑着说道。

老板被女搬运工那种感恩的情绪深深打动了，他动情地说：“那么你有没有兴趣成为我们中正式的一员呢？我想你这样的人，是我们公司最需要的。”

“太好了，让我从临时工成为正式搬运工，那可是我最大的梦想啊！”女搬运工兴奋地说道。

从那以后，女搬运工开始用工作的闲暇时间跟着车间工人学习，公司里的任何人都乐意帮她。几个月后，她真的成了这个大公司的一名正式雇员，让自己成为一名有固定高薪的车间女工。

正是女搬运工对工作的感恩，才让她对自己的本职工作如此的热情，并用她乐观的工作态度感染着每一个人。由此可见，要想做好本职工作，就得拥有感恩，它让我们与人为善，感谢身边的每个人。所以，我们应该培养自己的感恩之心、回报之心，用实际行动来回报这份馈赠！当然，真正的感恩应该是真诚的、发自内心的感激，它是自然的情感流露，是不求回报的。时常怀有感恩的心，你会变得更谦和、可敬且高尚。

对工作心怀感恩，要求我们每个人都要积极担负起本岗位的责任，尽全力做好本职工作，遇到困难时，自己绝不回避、推诿，主动化解工作上的困难。只有这样，才能让自己在工作上不断地进步。

对于一个企业来说，每一个员工都代表着公司的形象，都是公司的一个窗口。公司的正常运转，离不开每个员工的努力，企业的长远发展是全体员工共同努力的结果。作为企业的员工，注意自己的一言一行，努力做好本职工作，担当起自己的工作职责，企业才能发展壮大，员工自己也才能从其获得更多的利益。

而对一个员工来说，做好自己的本职工作无疑是最重要的。无论你在公司处于什么样的职位，只有心怀感恩，才能做好自己的本职工作，这样你才能算得上是一个称职的员工，否则，你就是一颗松动的螺丝钉，影响企业这台机器的正常运转。如果你身居高位，还将会给企业带来毁灭性的打击。因此，我们要认清自己的工作任务和范围，认真细致地把握好每一个工作环节，按时、按质、按量地做好自己的本职工作。如此，你在公司的价值才能彰显，你才会成为老板心目中的好员工。

卓越员工在自己平凡的工作岗位上虽然没有什么惊天动地的壮举，但他们会尽自己所能，圆满地完成工作任务，这也是心怀感恩的最好体现。他们也为企业、为社会做出了自己应有的贡献，同时也成就了自己在职场中的胜出。

公司里的每个岗位，都是承担着一定的职责的。在这个岗位上的你，要知道自己的职责，努力把工作做好，要明白自己的付出是不会白费的，相信金子无论在什么地方都会发光。只有认真工作、用心工作才能把工作做优秀，只有用心工作才能让你体验巨大的幸福感和收获的快乐。

身在职场，做好本职工作是我们每个人义不容辞的义务，也是最基本的职业道德的体现。一个懂得感恩的人，会把自己的感恩融入工作中，从自己做起，勇于承担工作的职责，在工作中，他们不会知难而退，不唯利是图，一心只想着把工作做好。

为了提升自己，他们注重自身能力的培养，加强学习，提高业务能力和自身的综合素质；他们对工作尽心尽力，出现问题及时反馈，并时刻考虑改进工作的方法；他们结合企业文化和特点，树立自己正确的事业观、价值观，规范自己的行为，为企业增添光彩，同时也让自己在工作过程中享受付出的乐趣。

感恩让我们积极地面对自己的人生；感恩让我们察觉自己，理解自己，接受自己，再去激励自己，发展自己，从而活出最好的自己；感恩让我们在自己的位置上重视自己的工作，踏踏实实地完成公司交给自己的每一项任务。如果你在工作中把感恩付诸实际行动，那么你迟早会得到加倍的回报。

作为公司的一员，感恩是一个员工优秀品质的重要体现，只有心怀感恩，才能快乐工作；才能珍惜岗位，爱岗敬业，勤勤恳恳做事，踏踏实实做人；才能免除浮躁，去掉私心，不会过多地计较个人的得失，把自己全身心地融入集体的大家庭之中。当然，你的努力与付出也会得到回报，你的诚信与尊严将得到大家的认可，你对自己的工作会更有成就感，你会感觉你的生命更加灿烂、生活更加充实。

3. 珍惜工作，让浮躁的心在感恩中沉淀

在我们的心灵深处，总有一种力量使我们茫然不安，让我们无法宁静，这种力量叫浮躁。今天，随着生活节奏的加快、工作压力的加大、外界诱惑的增多，浮躁已渗透到我们的日常生活和工作中。越来越多的人开始浮躁，越来越多的人不再淡定，不再沉稳。

身在职场，我们只有做到珍惜工作，才会让浮躁的心在感恩中沉淀。

在现实生活中，心存感恩的人不但永远不会抱怨，还会珍惜自己的工作。他们不会计较自己在工作中得到什么，而是更多的是考虑身为员工的自己，该为公司付出什么、奉献什么；由于对工作的珍惜，他们会让浮躁的心在感恩中沉淀下来，用一种积极向上的态度来面对工作；由于对工作的感恩,他们不会受到外界高薪的诱惑,只专注于自己眼下的工作;由于对工作的感恩,他们会珍惜已经拥有的工作,一心一意地做好它。

“感恩”之心,是我们每个人生活中不可或缺的阳光雨露,一刻也不能少。无论你是何等的尊贵,或是怎样的地位卑微;无论你做什么样的工作,你都会想尽一切办法把工作做好。

感恩是一种处世哲学,是生活中的大智慧。当我们胸中常常怀着一颗感恩的心时,工作就会成为生活中的一处动人的风景,让我们百看不厌。

人生在世,每个人都不可能一帆风顺,种种失败、无奈都需要我们勇敢地面对、旷达地处理。英国作家萨克雷说:“生活就是一面镜子,你笑,它也笑;你哭,它也哭。”工作也是同样的道理,你感恩工作,工作将赐予你灿烂的阳光;你不感恩,只知一味地怨天尤人,最终可能一无所有!

有很多人可以用感恩的心去生活,却不能用感恩的心去工作。不懂感恩的人最容易浮躁了,浮躁的情绪让他们很难安分下来。在这种情况下,他们除了对公司抱怨外,还会不停地跳槽、换工作……在他们眼里,下一个工作肯定会比现在的好,一切问题都能以跳槽的方式解决:工作稍不如意就跳槽,人际关系不行也跳槽,看到可以多赚些钱的工作跳槽,甚至没有任何原因就跳槽。慢慢地,他们会在浮躁的跳槽中失去了自我,失去了以前那种积极努力的工作精神,一有困难就退缩,遇到麻烦绕开走。出现这种状况是危险的,它告诉你换工作并不能解决工作中遇到的问题,因为在任何工作中都会出现困难,以这种态度对待工作,只会毁了自己的大好前途。

程晓在同学中是个典型的跳槽强人,拥有4年时间更换七份工作的记录。2008年大学计算机专业毕业之后,程晓顺利进入一家软件公司工作。不到两个月时间,还没等和同事们混熟,他就跳到另一家公司做程序员。他跳槽的原因是觉得公司比较小,觉得不能发挥自己的才能。

他的第三份工作是从网上看到的招聘信息、投了简历之后得到了参加考试的通知。这次跳槽是因为他觉得自己有了一年多的工作经验,而目前的工资让他感觉太少了。于是,程晓在这份工作没有搞定时,就冲动地辞掉了原来的工作,孤注一掷地等待新的工作。还好,他最后被聘用了。

但第三份工作程晓只干了七个多月的时间。他辞职的原因是工作强度太大,最令他难以忍受的是,公司总是强迫他加班,但补助却很低。于是在冲动之余,他又辞职了。可此时再找新的工作就没有那么顺利了,竟然花了两个月时间,手头的积蓄也差不多花完了,才进入一家私营公司。虽然之前他工作了将近一年,有一年的工作经验,但他进入新的公司一切又得从零开始。

这次工作持续的时间只有4个月,因为工作辛苦,且待遇不理想。他觉得自己的丰富经历是以后能轻松找到好工作的资本。所以,他放心地辞职了。但有时候工作并不好找,这次的失业状态持续了三个月,他才进入一家小公司做主管,但他对公司环境和薪水都不满意,只是为了谋生,他勉强留在这里。

程晓把在小公司工作的这段时间当成一个过渡期,一直在找新的机会。半年后,他又被一家合资公司聘用,这次干了将近一年。当朋友们都以为他这回要踏实干下去的时候,他又辞职了。原因是现在物价飞涨,挣的那点薪水,根本不够自己花。于是他又换了一份工作。但没多久他觉得新换的工作没有发展空间,就又决定换工作了。就这样,程晓在四年时间里换了七份工作。令他郁闷的是,他换的这几份工作,是一个不如一个啊。

此时,程晓的一些同学仍然在原来公司工作,虽然没有像他那样换工作,但经过几年时间的积累已经在同行中崭露头角,有的成为公司的高管,有的还成为公司的副总经理,薪酬方面,都让程晓羡慕不已。

在工作中,感恩绝不是简简单单一句话,而是一种心态,这需要我们的眼光要从自我的狭隘中释放出来,投射到工作当中,学会适应工作。当我们进入一家公司,有了一个施展自己理想和抱负的舞台,但是,还应该感激那些给自己提供了工作岗位以及帮助自己在工作上积累经验和知识技能的人们。因为你的发展是建立在公司发展的基础之上,而公司的发展在相当程度上又是老板苦心经营的结果，并且你的进步也得益于你的老板和同事的关心和帮助。

我们要做到珍惜自己的工作，就得经常站在公司的立场上去思考问题，想想自己在公司的位置，想想公司为自己提供的各种工作环境，想想在工作难找的今天，自己却不用奔波，能安心地在这里工作……当我们这么想时，自然不会再浮躁，而是对公司能为我们提供这个工作机会充满感激。当一个人心存感激时，他的言行举止中就会散发出一种积极向上的活力，这种活力能让他不畏工作中的艰难，一心一意做好自己的工作。

感恩是一种爱的能量的流动，它像一块吸铁石，可以为我们吸引一切美好的东西。当我们在生活中心怀感恩时，我们会珍惜自己的生命；当我们在工作中心怀感恩时，我们会像珍惜生命那样珍惜工作。每天为自己现在所拥有的一切感恩，为自己的工作而感谢公司和领导，并真诚地对待你身边的每一个人。感恩是情感的自然流露，它可以增强你的个人魅力，使你在人群中出类拔萃。

在生活中，我们之所以总是盲目地羡慕别人，那是因为我们不懂得感恩，因为不懂得感恩，我们才不珍惜现在自己已经拥有的东西，结果当一切都失去的时候，又在怨天尤人。正如托尔斯泰所说："幸福在手的时候，我们并没有感到幸福的存在；只有当幸福离我们远去时，我们才知道它是多么的珍贵！"工作也是如此。无论你现在拥有一份满意的工作或是一份不令人满意的工作，你都要懂得珍惜，否则，当有一天你失去了它时，就会追悔莫及。

在竞争激烈的职场上，我们每个人都面临着严酷的职场竞争压力，这应该是我们每个人在寻找工作时都能亲身体会到的。有时一个职位，会有几十几百甚至于上千的人与你竞争，在这种情况下，能有一份工作是多么不易啊。但是，在职场中，我们还经常会听到坐在舒适的办公室里的一些人在不停地抱怨，抱怨公司、抱怨老板、抱怨同事、抱怨自己怀才不遇。而他们平时所羡慕的人，永远是那种不工作却拿高工资的人，这种人其实就是他们幻想出来的。正是这种无休止的抱怨，让他们不懂得感恩而变得浮躁起来。

不懂得感恩的人，无论他的工作待遇是否高、环境是否好，都是想要更高的、更好的；不懂得珍惜的人就是爱这山望着那山高、欲壑难填的人；

其实，不懂得感恩、不懂得珍惜就是不知足，这是一种致命的病毒，一旦染上会让自己葬送职业前程的。

感恩是一种歌唱生活的方式，它来自对生活的热爱与希望，对生命的敬重和珍视。请学会对工作感恩，那样你会像敬重生命那样敬重你的工作；请学会对工作感恩，那样会让你的心中培植一种感恩的思想，这种思想可以沉淀许多的浮躁、不安，消融工作中许多的不满与不幸。

从今天起，请珍惜你眼前的工作，带着感恩的心情去工作，会让你发现工作的诸多美好之处；带着感恩的心态工作，会让浮躁的情绪离你而去；带着感恩的心态工作，老板的批评将是推动你前进的助推器；带着感恩的心态工作，你会珍惜和同事共处的每时每刻；带着感恩的心态工作，工作如同掘井一般，要深入地定点向下去挖，这样才能得到喷涌的泉水；带着感恩的心态工作，会让你坚定不移地相信自己能够把工作做得最好……带着感恩的心态工作，才会有足够的耐心沉住气做任何事情，让自己离成功越来越近，并助你成就一番大事业。

4. 感谢工作中的挫折与磨难

在职场上，我们要想不断地进步，就得怀着感恩的心来感谢工作带来的挫折与磨难。因为如果没有挫折，我们大概只会是温室里的花朵，经不起风吹雨打，更不会在工作上得到经验；没有工作过程中的磨难，我们的意志也不会越来越坚定，更不会取得工作上的进步。

正是因为有了挫折与磨难，我们才能更好地了解生活、更全面地爱我们的工作；正是因为在工作中饱尝了挫折与磨难，我们的职场之路才会进行的更扎实、更稳固。所以，我们必须感谢工作带给我们的挫折与磨难。

任何一份工作，并不是你的每一分努力都会得到回报的，这是因为你努力工作的方法不对，所以努力才不会得到回报，说不定你一改变工作方法，就会得到收获。这就是工作的挫折带给我们的好处。

在工作中，即使面临各种困境，你仍然可以选择用积极的态度去面对眼前的挫折，将悲观心态赶走，向挫折与磨难道声"谢谢"。感恩带给我们最直接的好处就是无论在什么情况下，我们都会怀着积极的心态来对待。美国心理学家杰弗·P·戴维森认为，积极的心态源于对工作和学习的乐观精神，凡事不要想得太悲观、太绝望，否则你眼中的世界将是一片灰暗、一片混沌，工作起来自然也就打不起精神。

"感激能带来更多值得感激的事情"，这是宇宙中的一条永恒的法则。请相信，当我们因为感恩工作而努力工作时，再困难、再难做的工作，都会给我们带来更多、更好的工作机会和成功机会。

她毕业于名校，很有才能，也很能干，个性很强，比较正直，做事情刚中带强，不轻易服输，也不轻易向人低头，更不会违背自己的良心说一些讨好人的话。

六年前，她用自己打工赚来的钱，与男友合伙开了一个小规模的广告公司，两年后，就净赚了一大笔钱。就在她满怀雄心地大干一场时，因为她醉心于工作，导致男友出轨，就在她踌躇满志时，男友却趁其不备，带着公司赚来的钱和新欢私奔了。

女人是感情动物，为了真爱可以抛弃一切，同时也会为破灭的真爱而放弃一切。男友感情的背叛，远比金钱的损失让她无力应付，一蹶不振的她只得关掉已经经营得很好的公司。

由于男友带走了大部分钱，善良的她把自己手头的钱给员工发了工资后，也就所剩无几了。过了几个月伤心的日子后，钱也花得差不多了。为了生计，她只得再次选择打工。

因为有工作经验，她很快找到了新工作，刚去时是试用期，没有提成，所以，她的工资低得只够她交房租和吃饭。她很珍惜这份工作，决心好好发挥自己的才能。

在新公司工作没多久，她就不想干了，并不是嫌薪水少，而是工作太难干了，难干的不是工作，而是公司那让她无法忍受的管理和用人方式。

公司里有个刚毕业的女同事娟，她除了长得漂亮和嘴甜外，工作没有一点经验不说，还经常在工作时偷奸耍滑，工作做得一塌糊涂。但因为娟喜欢对经理阳奉阴违，所以，经理非常赏识娟，经常夸娟会说话。

她个性耿直，觉得干她们这行的，靠的是能力、业绩，你能力强，业绩做得好，工资才能拿得多。干吗要委屈自尊，用那么滑稽无聊的方式取悦领导呢。她看不惯娟，平时就躲得娟远远的。

但令她想不到的是，经理竟然让她在试用期间带娟工作，于是，很多项目就成了她和娟共同合作来完成。由于娟把大多时间都用在了讨好经理上，对工作根本不上心。许多工作，都是她一个人来完成的。娟就只负责在工作结束时向经理汇报，能说会道的娟，自然会在经理前把工作的功劳归于自己。而她，则成了一个没有功劳也没有苦劳的人。

起初，她想到自己一个人完成工作时的艰辛，就对娟的做法非常愤怒，可又不知道如何向经理如实报告。思前想后，她决定先忍下来。心想："反正试用期也没提成。娟想抢功就抢吧，她再怎么抢，也不会把我做每一个项目的工作经验抢走啊。"

三个月的试用期很快过去了，让她再度惊讶的是，娟用跳跃式的升迁，向她证明：职场上能力不重要，会奉承领导才是最重要的。

原来，公司新成立了一个策划部，她和几位有经验的老员工调进这个部门。而担任她们部门主任的，就是那位经常讨好经理的娟。

在她看来，让娟管理偌大的策划部？这真是天方夜谭。确切地说，让娟干这工作，说不定她还不知道从何下手呢。

此时的她已经为公司成功地写了好几份广告创意，收入在数十万之间。而目前正策划的这份创意文案还没写好，已经有一家有实力的公司出高价买下了。

娟在试用期中什么也没做，就靠着那张会说的嘴，不但留了下来，还成为她的头。

她是一个做实事的人，无意也不想和人争当"官"，只希望靠着自己的能力，做自己喜欢的事情。最好再有一个有才能的老板，这样可以让自己在工作中进步。

但她现在的主任，是一个什么都不懂，只会说悦耳甜蜜话的可爱娇俏的女孩娟，她向这个女孩学习什么呢？

"学她的为人处世呀。"当她把自己的烦闷讲给最好的朋友听时，朋友这么说，"你不但要向她学习，还要感谢她呢。"

"什么？让我学她丢掉自尊去巴结人？感谢她教我不好好工作？"她反驳道，"我才不呢，要是一个公司都这样，那谁来干真正的工作。我们又如何在工作中提升自己的能力。"

"你可以选择地学呀。女同事说的恭维话，经理心中自然有数，但仍然高兴、重用她，说明她的恭维话中还是有可取之处的。"朋友劝她，"你做个有能力又会说话的人，岂不更好。"

朋友的话触动了她。此时她再想娟说话时的神情、动作、语气，不由得有点吃惊。娟在讲恭维话时，会选取场合，并且还会根据经理的脸色来讲不同的恭维话。说话动作虽夸张但表情非常真诚，说话语气控制得也比较巧妙。

更让她感到惊奇的是，娟当了她们的主任后，用自己那张嘴，把部门这些业务"骨干"都哄得高高兴兴的。有一次娟夸她时，她嘴上没说什么，心里却很受用。

经过这么一分析，她发现自己有很多缺点。在比过后，她豁然开朗了，看来自己真得学学娟那些为人之道了。

有些事情，想着容易，做起来比较难。

一天上午，她像以前一样，把一份写好的创意交给娟来审核，让她提意见好做改进工作。

她事先以为，以娟以前的处事风格，可能会让她全权负责，因为娟对这些工作很外行。没想到娟竟然说："你放下吧，我一会儿仔细看过后给你回复意见。"

她心中暗笑，"你能提什么意见？你能看懂就不错了。"

还不到中午，娟就把将近一页的意见发给她。她大吃一惊，虽然这些意见有的很幼稚，但也有一些意见非常正确。

她把自己认可的意见用红笔标出来，认真地修改好后，再交给娟看时，不一会儿，娟又提了更多的意见过来，而且还把自己认为不合理的意见标出来，让她重改。

她的火一下子大了，找到娟，说了自己不会改的理由："这个客户是我的老客户，我清楚他喜欢什么风格的。如果按你说的改，他可能不会接受……"

娟并不听她解释，毫不留情面地说："人的喜好是会改变的。"并命令她，"我的意见也很重要，你必须按我的要求来改。"

娟一改昔日的一团和气，语气也很严厉。她非常气愤，但人家毕竟是领导，她只好怀着愤愤不平的心情去改。改完后娟又对她的创意做了一些修改，才发给客户。

接下来发生的事情，让她简直忍无可忍。

客户明确表示，这份创意的出发点好，但写得不伦不类，不是他们要的风格。并点名让她来改。

娟找到她，让她重新做修改时，又写了很多意见。她看了这些意见后，再次惊讶不已，她对娟说："如果按照这些意见改的话，正是我最初写的那种样子。"

娟不以为然地说："那你就还改到原来那种样子。"

她的火蹭地冒出来，愤然道："你这不是故意折腾人、浪费时间吗？"

娟淡淡地一笑，说："不这样折腾一番，怎么提升你的能力？不这样浪费时间，客户如何甘愿接受我们涨价的事实？"

"不这样瞎折腾，又如何显得你这个主任比我们强。"她心想，但没有说出来。此时她才发现，这个娟，真的是不简单。

后来她听说，娟上任后不久，公司员工的工作能力大幅度提升，虽然公司广告创意的价格也上涨了，但客户非常满意。

她在那个公司只干了两年半，就出来自己创业。第二次创业，她借用在原公司学到的领导技巧，虽然这次公司规模大，但从创办到招聘各种管理人才，都是她一个人完成的。直到此时，她才由衷地明白了感恩的重要性。感恩不但能让自己在逆境中不断完善，还能让自己在经历一次次挫折后变得更强大起来。

她的广告公司价位很高，却仍然有很多客户找她做。不到两年时间，她就拥有了一大批稳定的客户。几年后在同行业中已处于领先地位。

她在总结成功经验时，说道："我能有今天的成功，是建立在别人在工作中折磨我的基础上。所以，我得感谢背叛我的男友和一次次为难我的公司领导。没有他们，我可能永远都不知道自己能有这么大的潜力。是当初男友的背叛，让我发现自己工作不能只是埋头苦干，还要会用人；是原公司领导的一次次折磨，让我认识到自身的诸多不足后加以不断改正，从而获取重生机会。"

世界上大部分的成功者，都是从困境中崛起的。因为磨难和挫折既可以锻炼一个人的品格，也可以激发一个人向上发展的勇气和潜力。在困境中，当我们被逼得退无可退、无路可走时，我们为了生存，往往会在最后的时刻想出办法来自救，无形之中反而激发了自己隐藏在身体内的潜力，这种潜力促成了自己人生的辉煌。所以，我们应该感谢生活、工作中的磨难和挫折，是它们让我们取得了成功。

每个人要想在工作中成长，就得经历一次次挫折和磨难，并且怀着感恩的心态来看待这些挫折和磨难，就会发现，每一次挫折和磨难，都有其独特的"好处"，关键是如何让自己发现这种好处。

在工作的挫折中吸取教训，你会找到自己的弱点；在工作的磨难中总结经验，你会变得更有经验；在挫折中站起来，会磨炼你的心志；在磨难中挺过来，你会让自己变得更加强大。请感谢曾经磨难你的人，让你从中参悟世事，使你变得成熟、强大。

我们生命中最重要的一件事情，就是不要拿你的收入当资本，真正重要的是要从你的损失中获利。感恩生活为我们奉献的一切，也正是这一点决定了傻子和聪明人之间的区别。

每个人在生活中都会遇到挫折，总是会有低潮的，总是有要低声下气的时候，这恰恰是人生最关键的时候。逆境，是上帝帮你淘汰竞争者的地方。要知道，你不好受，别人也不好受，你坚持不下去了，别人也一样。千万不要告诉别人你坚持不住了，那只能让别人获得坚持的信心；要让竞争者看着你微笑的面孔，失去信心，退出比赛。胜利属于那些有耐心的人。

工作也是同样的道理，只要你怀着感恩的心情来迎接它，就会让你取得最后的成功。

5. 用感恩的心驱逐工作中的抱怨

感恩是根治抱怨的最好的良药，我们要学会用感恩的心驱逐工作中的抱怨。班尼迪特说："报恩是一种美德，当他积极投入感恩工作时，美德就产生了。"快乐不只在于做自己喜爱的事，更在于喜爱自己不得不做的事。感恩会让我们工作更快乐，感恩让我们坦然面对工作中的得与失，努力做最好的自己。

感恩是一种美德，也是一种智慧，是我们每个人成长的催化剂，只有懂得感恩，我们才能在工作中做到不抱怨；只要懂得感恩，我们才能愉快地投入工作当中；只有懂得感恩，我们才能够获得最大的成功。

苏临在公司干了才一年多，因为业绩突出，工作能力超强，就被公司破格提升为部门主任了。公司员工在得知这个消息时都很吃惊，这个公司虽然是人才济济，但都没有他的工作能力强，提升也没有他快。

"你才来公司一年，就为公司创造了这么多的业绩，一定有什么秘诀?"有同事问。

他笑了，回答说："我哪里有什么秘诀。只不过是心存感恩而已。"

"你工作能力强，这和感恩能扯上边吗?"另一位同事疑惑地问。

他认真地说："我学历低，又没有工作经验，能来到咱们公司，我觉得我是侥幸进来的。”在大家惊奇的眼神中，他讲起了自己的一段经历。

原来，他来这个公司之前，已经找了大半年工作了。当时他手中的钱，仅剩下能维持两天的伙食了。连一周后要交的房租都付不起了。此时的他在心里想：只要有一个公司愿意聘我，能管我吃住，不给钱我也要干下去。

让他没想到的是，公司不但聘用了他，工资也不低，听到他说没钱交房租了，还为他提供住宿。来公司后，为了感谢公司对自己的知遇之恩。他总是以拼命工作来回报，为了能让自己胜任，他利用业余时间来钻研专业知识。

他喜欢加班，因为加班时，他不但能享受到公司免费的餐补，还让他从中学到很多工作经验；他乐意替同事当班，哪怕只换来同事的一声“谢谢”；他在工作上遇到困难，会想尽一切办法寻找解决之道……这一切的主动，都源于对公司“收留”他的感恩之情。

听了他的话，同事们都不再说话。

渐渐地，苏临的业务能力越来越精湛，很快成为业务上的行家里手。特别是当他被公司提升为部门主管后，待遇也相应地提高了，再加上他的提成，他成为公司拿奖金最高的员工。

别看他收入已经很高，他却比以前更卖力地工作了。为了提升自己的工作能力，他又自费参加了各种进修班。学习一年后，他的工作能力再次大幅度地提升。

最近，他打算参加一个费用高达十多万元的培训班。有同事不解地问：“你现在是要钱有钱、要权有权，可以说什么都不缺了，怎么还花那么多钱去学习啊？是想还往高升，还是为以后为进更好的公司做准备呢？”

他笑道：“都不是。我学习，是为了让自己工作能力更强，为公司创造更多的业绩。即使现在公司不让我担任主管，我依然会学习，依然会像现在一样工作。”

苏临在工作中屡获成功的秘诀就是，他把对公司、领导的感恩，化作工作的动力，这种动力鞭策着他不断地充电，让自己更能胜任工作。随着他在工作上的出色表现，他对工作已经达到了一个最高的境界，那就是他工作不再是为了钱，而是为了给公司创造更多的财富。当一个人工作不是为金钱时，工作自然成为乐趣，而一旦把工作当成乐趣，他的工作一定会做得出人意料的成功……如此下去，就形成了一个良性循环。由此可见，苏临成功的秘诀，正是感恩。

当一个员工对工作的感恩达到苏临这种境界时，就会不由自主地养成良好的工作作风和工作原则，在工作上以提升能力为前提。这才是你无形的收入，比你工资的价值更大。因为工资可能会影响你当前的生活，但这种“提升工作能力”的作风的培养，则直接影响你今后几十年的人生。

生活中充满了不如意，所以我们习惯了抱怨：抱怨命运不公，抱怨生不逢时，抱怨造化弄人，抱怨人微言轻，抱怨薪水微薄……但在抱怨中，我们却对拥有的幸福熟视无睹、不懂珍惜，并且单纯地放大缺憾；在抱怨中，患得患失、斤斤计较，因此，把感恩的心态越抛越远。

我们每个人都会在工作上遇到挫折，这时发发牢骚、排解排解生活的压力是可以的，但一定要记住，在发牢骚的同时，还要想办法去克服，当你把全部心思扑在克服工作困难时，那些无用的牢骚和抱怨就会自动烟消云散。

只有心存感恩的人永远不会抱怨。给自己“安装”一颗感恩的心，对拥有的一切心怀感激，学会感激生命中的一切，包括人、事、物等。心怀感恩，生活里才会少一些怨恨和烦恼；心怀感恩，心灵上才会多一份宁静与安详；心怀感恩，工作中才会多一些宽容和理解。感恩会让我们明白自己拥有的一切如此美好。

当我们怀着感恩的心在工作时，会让我们每天都处在进步中。因为当你感恩时，你在工作上取得了一些成绩后就不会沾沾自喜、自认为无所不能了；相反，你会更感激成就了自己的工作、领导、同事、客户等等一切帮助过你的人。当你感恩时，你无论在工作中取得多大的成绩，都会让自己保持清醒的头脑，明白成功背后你必须要感激的人。

心存感恩，会让我们驱逐抱怨的恶魔，在工作中，只有做到心中没有抱怨这个魔鬼，才不会让我们计较自己的得失，而是多考虑自己该如何付出、奉献；心存感恩，会让我们学会用感恩的心看待周围的一切，珍惜已拥有的一切，不经意间你会发现，原来有一份工作是如此美好，原来只要自己把眼前的工作做好就是一种很大意义上的成功！

6. 感恩让我们在工作岗位上做到最好

在职场中，每个人都会有公司分配给自己的一个位置，公司对于组织层次的划分是清晰的，不同的人处于不同的组织层次，相对应的职能也有所区别。每个人只有做好自己的工作，公司才能发展起来。这就要求我们每一个人要兢兢业业地守好、做好属于自己的这个位置，尽量在岗位之内做最好。

我们对于公司为自己所提供的这个位置，一定要心存感恩，这样才能在工作岗位上做到最好，也只有心存感恩，我们才会明确自己的职能和所需技能，对自己有一个清晰的认识。

“话语不多不善张扬，工作认真责任心强。”凡是和周山打过交道的人都这么评价他。他一心扑在工作上，一切为企业着想的品格有口皆碑。全公司隧道施工任务特别多，隧道地质预报工作量特别大，但只要有地质预报要求的项目部，他都随叫随到，最大限度地满足项目部地质预报检测需要，在检测过程中做到准备充分，合理安排，尽量少占用隧道施工时间。

2010 年 8 月正值施工黄金期，一次他从重庆出差回太原途中，得知中南 6 标临县隧道需要进行隧道地质预报、制订掘进方案，为了不影响项目部施工工期，他在太原下车后没有回家，直接乘车到了中南 6 标项目部，第二天上午就完成了预报任务，得到了项目部的肯定。检测中需要使用大量的耦合剂，市场上也有卖地质预报专用耦合剂，为了节约此项费用，他每次检测前总是找材料自己做耦合剂，尽量减少检测费用。

隧道地质预报仪有两个箱子、4 根杆，有 25 公斤，一个人出差很不方便，但他在出差时尽量不用项目部车接送，能做公交地铁就不打车，能直达就不倒车，选择合适线路减少绕行。有一次，山西省举办计量员培训，大家吃住都在宾馆，而他却只交了培训费，晚上回家睡觉，中午就在大厅休息一下。有人说他："你可真能节省。"他却说："我家就在太原，没有必要住在宾馆，没必要乱花钱！"

辛勤的付出，获得了回报，2008 年至 2010 年，周山累计进行隧道地质超前预报共 58000 米，节约外委检测费用 580 多万元，他先后荣获公司试验尖兵，企业功臣，集团公司优秀团员，集团公司知识型职工标兵等称号。

在荣誉面前，他还是那句话："如果没有公司为我提供的这个位置，那么我就无法让自己的价值得以体现，更别说得到这些荣誉了。所以，我今天的所取得的一切成就，都要感谢公司，是公司为我提供了平台。对我来说，这只是起点，我要立足岗位，争做最好。"

这就是感恩的力量，它不但让你在工作中屡创佳绩，还会让你在荣誉面前从容淡定，同时勉励自己再接再厉。

每个公司都像一部复杂而精密的机器，身为员工的我们就是每一个部件，在公司这个机器上，都在固定的位置发挥着不同的作用，以保障整部机器的正常运转。作为员工，我们除了对自己的职务、职权、职责负责外，还要感谢公司对我们的信任。正是公司的信任，我们才有机会在自己的岗位上实现自己的价值。

任何企业都需要大量感恩、敬业的员工。员工只有学会感恩，才能在敬业地工作。可以说，企业或公司并不缺少雄韬伟略的战略家，但真正缺乏的是那种因为感恩而踏踏实实地把工作做到位的执行者。

每一项工作中，任何环节做得到位与否，都将事关大局，影响深远。企业中的每一个员工，都是企业运转的重要环节，每个人的工作质量都有可能会给企业带来巨大的影响。也许，因为前台的接待工作不到位，导致上门拜访的客户拂袖而去；也许，因为销售人员的沟通不到位，导致客户另寻他家；也许，因为售后的服务工作不到位，导致合作多年的老客户也终止合作。所以，公司在挑选员工时会慎之又慎，当我们在数以千计的人中有幸被公司选中时，我们除了深深的感恩外，还要把做到位作为我们最基本的工作标准牢记在心。

把工作做到位，既是对公司负责，也是对自己负责，同时还是对社会负责。其实，把工作做到位并不难，只要你在工作之前，想一想公司为你提供的工作环境和设备，想一想公司对你的信任，你就会端正工作态度，比别人多做一点点，多些对工作的热爱，多些责任和主动，就可以把工作做到位。决心将工作做到位的人，不但能为自己赢来无数成功的机会，而且还会拥有灿烂丰盈的人生！

每个人都有自己的职责，每个人都有自己的工作标准。医生的职责是救死扶伤，军人的职责是保卫祖国，教师的职责是培育人才，工人的职责是生产合格的产品……社会上每个人的位置不同，职责也有所差异，但不同的位置对每个人却有一个最起码的工作要求，那就是把工作做到位。

有一次，希望集团总裁刘永行访问韩国，被安排去一家面粉企业参观。然而就是这次普通的参观，给了他很深的刺激，回国后好几个晚上都难以入眠。

这家面粉厂属于西杰集团，每天处理小麦的能力是1500吨，却只有66名雇员。一个只有几十名员工的小厂，其工作效率之高令刘永行惊叹不已。在中国，日生产能力只有几百吨的企业，但员工人数却高达上百人。希望集团的效率相对高于国内同行业平均标准，但250吨日处理能力的工厂也有七八十名员工，人均日生产能力仅有韩国工厂的1/6。

为了弄清楚其中的奥秘，刘永行与这家工厂的管理层进行了深入的交谈，了解到他们也在中国投资办过厂，地址在内蒙古的乌兰浩特。当时的日处理能力为250吨，员工人数却高达155人。同样的投资人，设在中国的工厂与韩国本土的工厂生产效率居然相差10倍，效益自然也就不会太理想，磨合了一段时间，觉得没有改善的可能性，就将工厂关闭了。

两家工厂的效率为什么有如此大的差距呢？是设备的先进程度不同？不是。相反地，韩国本土工厂是20世纪80年代投入生产的，而内蒙古的合资厂却是在90年代建起来的，设备比原厂还先进。是管理方法的问题？也不是。工厂的主要管理层基本上都是韩国人。恰好，刘永行遇到了那位曾在内蒙古负责的韩国厂长。

怀着极大的好奇心，刘永行特意请教这位厂长：“为什么同样的设备、同样的管理，设在中国的工厂却需要雇佣那么多人呢？”

那位厂长回答得很含蓄：“也许是中国人工作不到位吧。”而正是这么一句轻描淡写的话，却让刘永行回国后彻夜难眠。他知道，当着一群中国企业家的面，那位厂长的话已经是十分客气了。在这句看似平淡的话背后，一定藏有许多难言之隐，一定有许多不为人知的管理问题。

仔细想一想，与韩国的工人相比，我们的工作态度无疑存在很大的差距。韩国人做事总是手脚不停，只要自己手头的工作做完了，就一定安排别的事做。他们是一专多能，如果他们觉得自己的岗位比较空闲，就会做一些其他的事情，以节省人力。而在中国大部分企业中，则存在许多把自己的工作做得差不多就够了的想法，所以我们的效率就低了。

可以说，感恩与责任是每一位员工立足职场的“必杀技”，因为只有拥有一颗感恩之心，才知道自己肩上有什么样的责任，做起事来才能够尽心尽力；只有拥有一颗感恩的心，才能让自己把工作做到位。

任何一家公司要想发展，都离不开敬业工作的员工。各行各业，无不在呼唤能自主做好手中工作的员工。齐格勒说：“如果你能够尽到自己的本分，尽力完成自己应该做的事情，那么总有一天，你能随心所欲地从事自己想要做的事情。”反之，如果你凡事得过且过，从不努力把自己的工作做到位，那么你永远也无法达到成功的顶峰。

一个合格的企业员工，不仅是为公司创造利润的员工，也是懂得付出和敬业的合格员工。而要想成为合格的企业员工，就要从学会感恩开始，从做好岗位工作开始。

在人生道路上，感恩是一种力量，责任是一种信仰。只要带着肩上的力量和心中的信仰上路，任何艰难坎坷、崎岖曲折都会迎刃而解，悄然退却。而一个不懂感恩、没有责任感的人，只会在职场浪潮中被淘汰，甚至淹没。当今职场，有越来越多的员工因为不懂得感恩，而只管上班不问贡献，只管接受指令不顾成效。他们得过且过、应付了事，把事情做得“差不多”就行；他们能拖就拖，无法在规定的时间内完成任务；他们粗心大意、浅尝辄止、投机取巧、眼高手低……

在工作中，我们只有怀着感恩的心去工作，才能让我们立足岗位，争做最好，在把握好方向的前提下，多注意细节，将工作做到位，只有这样才能对得起自己的努力和热情，才不会给工作留下遗憾；只有怀着感恩的心去工作，我们才能因为喜欢工作而不断提高工作效率，从而让自己获得更多的发展机会；只有怀着感恩的心去工作，我们才会面对困难勇往直前，在工作中有上乘表现，让自己在职业生涯中获得成功。

第四章

自动自发，把珍惜工作付诸行动

在工作上自动自发是我们从普通走向优秀，迈向卓越的动力之源。一个自动自发的员工，会珍惜工作付诸行动，在面对工作时，他会尽心尽力地把工作做好，把工作中的困难当作一种乐趣、一种挑战、一种修为、一种品质；一个自动自发的员工，会让自己在工作中忠于职守，在平凡的工作岗位上做出突出的贡献；一个自动自发的员工，会珍惜自己的工作机会，在工作时没有任何怨言，没有等待和拖延，自始至终尽最大努力、花最多精力、用最主动的态度去踏踏实实的工作。

1.

珍惜，让你在岗位上自动自发地工作

我们要想丰富自己的人生，就得好好珍惜工作。因为工作不但能最大限度地发挥我们的作用，还是我们每个人成长进步的阶梯，每一项任务都是一个新的开始，一段新的体验，一扇通往成功的机会之门，我们对工作的投入与付出，首先是了为自己，然后才是为了公司或企业。所以，我们一定要珍惜自己的工作。

只有珍惜工作，我们才会在工作中释放出积极性和创造性，才能自动自发地投入自己的岗位中去；只有珍惜工作，我们才会把工作视为自己的美好追求。

对于每一个人来说，工作并不是我们为了谋生才去做的事，而是超越了工作本身，是我们基于珍惜的基础，渴望去做的有意义的一项事业。英特尔总裁安迪·葛洛夫应邀对加州大学伯克利分校毕业生发表演讲的时候，提出以下建议："不管你在哪里工作，都别把自己当成员工，应该把自己当成老板，积极主动地工作。"

常言道："世上无难事，只怕有心人。"工作也不例外，当我们自动自发，全身心地去投入某项工作，就一定可以把它做好做成功。

工作需要自动自发，在企业，虽然服从与执行力非常重要，但个人的主动进取精神更受到老板的重视。许多企业都努力把自己的员工培养成能够自动自发工作的人。

我们要想让自己在工作中做出成绩，就必须时时记住：无论我们的能力多么强，无论我们多么有经验，如果不能为公司做出实际的事情、带来实际的效果，一切都是枉然。只有正确认识自我与企业之间的关系，肩负起自己在工作中的责任，自动自发地去面对工作中的每一件事，用自己的行动散发出你耀眼的光芒，你终将有所收获。

只有当我们明白自己工作的意义时，才会珍惜自己的工作，让自己自动自发地面对工作，尽心尽力地把自己的工作做好。它是你从普通走向优秀、迈向卓越的动力之源。

任何一位成功者，在成功之前，他们都是怀着感激之情，来做自己的工作的，同时也很珍惜自己的工作机会，无论老板在不在，他们始终能够自动自发地工作。他们认为："既然自己在这个公司工作，公司就是自己的，自己就是公司的老板。"有了这样的心态，他们会把自动自发地工作当成一种习惯。

在职场上，工作的自觉性会让我们一方面从心里认可自己工作的价值，积极地为了自己既定的工作目标而努力，自觉的工作是一种美德。另一方面，自动自发的工作会很快让你的工作成果被上司认可，晋升加薪也很快可以实现。

林申是某机械制造厂的技术员，主要负责该厂生产的某种机器的零部件加工。和他在同一个车间的大约有二三十名同事，做着和他一样的工作。林申并没有像其他同事那样每天踩着点儿上下班，而是每天早上比其他的人早到几分钟，下班时晚走上几分钟。

别小看这短短的几分钟，却让他做了不少事情。当其他同事还没有来时，他会先检查一下机床，将机床启动预热，这样同事们来后，就省掉了工作前的准备工作；在下班后，他会在机床停止转动之后，把一些相关的物品收好，并且自动负责清洗和检查一遍机床。

他所做的这一切并不在他的工作职责内，而公司也没有人要求他那样做。但他每次都做得乐此不疲。时间长了，有同事为他不值，私底下劝他不必这样，并说："你这样额外地工作，老板又看不到，自然不会给你加工资了。你何必多此一举呢。"

林申听后，笑道："我做这些工作根本没有想着加工资，而且这点工作，对于我来说是举手之劳。"

一年后，同事们开始感到奇怪，车间里的机器总是隔三差五地出毛病，只有林申的机器很少出现这种情况；更让他们感到不解的是，他们每天都和林申一样地干活，可是生产的产品数量和质量难以与林申相比。

这到底是怎么回事呢？

在同事们的追问下，林申说出了答案：原来，他每天比其他人早到几分钟，晚走几分钟，就是为了细心保养好自己的机床。

林申的工作业绩是有目共睹的，车间主任和老板都看在眼里，他们在心里暗暗称赞这个小伙子，并且决定提拔他。不久之后，车间主任在每周一例行的全车间员工大会上，表扬了林申，让全体员工向林申学习，并且提升林申为该车间的质检部主任。

后来，在林申的影响下，该车间的工作效率不但得到很大的提高，产品的合格率也比以前有了大幅度提升。

一个自动自发的员工，在自动工作时，从来不会抱着做给别人看，或是想借此加薪的目的的。他们之所以自动自发地工作，是因为珍惜工作，因为珍惜而自愿多工作。

企业的发展和壮大需要我们从珍惜个人的岗位做起。一个珍惜工作岗位的人，会自动自发地做好自己的工作。这种在工作上的主动精神，不但能让他的工作做得更好，还会获得老板和上司的器重，从而打开通往成功之门的钥匙，并且通过自己的言行深深地影响到周围的人，从而形成一种积极向上的整体氛围，让自己在这种良好的氛围中不断进步。

在职场上，很多人不能成功的原因就是因为没有意识到这一点，他们不仅不能自动自发、主动去工作，反而在工作时完全处于被动，如果不是公司和老板有所要求，他们很难去做，即使去做也会大打折扣。更让人费解的是，往往正是这些员工总是抱怨自己不被老板重视，他们看不起那些被老板重视的员工，认为老板不识人才。其实，这种抱怨是起不了任何实际作用的。如果你真的认为自己有才能，要比那些深受老板器重的员工优秀，为什么不把自己的才能发挥出来，消除心中愤愤不平的抱怨，主动承担起自己的责任，自动自发地工作，用自己的行动证明自己的实力，用自我的行动去影响他人呢？

每个老板都喜欢在工作上积极主动的员工，也都愿意和这些人共事。如果你总能保持主动工作的精神，做得比自己分内的多一点，做得比别人期待的好一点，你就可以吸引老板的注意，得到加薪和升迁的机会。

如果你自己不主动去找工作的话，就永远没有发展机会。你的工作也许不一定反映在你的职位上，但它的确是你自己的财富。你做多做少，公司的领导层是看得见的，而且你做好做坏，老板也看得相当清楚。索尼公司的企业文化是员工要自觉，就是要主动找事做。自动自发地工作，才能在企业占据一席之地。作为一个部门，要主动揽企业的事，而员工也要在工作上拥有自动自发的精神，尽量主动找事做。

在工作中，无论老板在与不在，我们都要学会自动自发地做好每一件事情。在任何企业里，那些不必老板交代就自己找事做的员工，那些接到任务时不会找借口的员工，那些永远也不问“怎么办”而是自己动手去克服困难的员工，那些主动请命为公司工作的员工，他们都是老板心目中最优秀的员工，有升职机会时，老板第一个想到的就是这些人。

老板心里很清楚，那些每天早出晚归的员工，不一定是认真工作的员工；那些每天忙忙碌碌的员工，不一定是优秀完成工作的员工；那些每天按时打卡、准时出现在办公室的员工，也不一定是尽职尽责的人。对每一个企业和老板而言，他们需要的绝不是那种表面上遵守纪律、循规蹈矩，但缺乏自动自发精神的员工。

文学大师托尔斯泰曾经说过这样一句话：“当幸福在我们手中的时候，我们并没有感到幸福的存在；只有幸福离我们而去，我们才知道它的珍贵。”对于我们来说，工作也是一种幸福，但只有懂得珍惜的人才会拥有这份幸福。

当今社会竞争激烈，生存压力越来越大，工作也不再是过去“一贯制”的“铁饭碗”，搞得不好随时都有下岗的可能。随着大学毕业生的增多，求职队伍的知识层次越来越高，这个队伍越来越大，找工作也越来越困难，如果不珍惜工作，我们迟早会加入失业大军。

请珍惜自己的工作机会，这样才能让自己在工作岗位上自动自发，并且让自己在工作时没有条件和怨言，没有等待和拖延，自始至终尽最大努力、花最多精力、用最主动的态度去踏踏实实地工作。

2.

珍惜工作的人对工作决不拖延

珍惜工作，会让我们把工作中的困难当作一种乐趣、一种挑战、一种修为、一种品质。珍惜工作的人对工作上的事情绝不拖延，尽全力把每项工作做好。珍惜工作的人，即便是在平凡的工作岗位上，也能做出突出的贡献。

埃克森－美孚石油公司是全球利润最高的公司，公司成功的原因除了与埃克森公司和美孚公司携手的因素外，更重要的是因为它拥有一支绝不拖延的员工队伍。这家公司的成功告诉我们，一个公司要想发展，员工就得克服拖延的毛病，培养一种简便高效的工作风格，这样才能使公司的绩效迅速提升，使每一位员工的工作乃至生命都更加富有价值。同样的道理，用在我们身上就是，一个人要想在工作上取得成功，就得养成绝不拖延的好习惯。

在职场上，我们经常会遇到这样的问题：把今天该做的事拖到明天完成，现在该打的电话等到一两个小时以后才打，这个月该完成的报表拖到下个月，这个季度该达到的进度要等到下一个季度。凡事都留等明天处理的态度就是拖延，这是一种明日等明日的工作习惯。这种拖延的结果，轻者让我们在工作上瞎忙、白忙而没有收获，严重时会让我们把一生的时光虚度。

这种拖延的毛病，我们每个人在工作中都或多或少，或这或那地拖延过。拖延的表现形式多种多样，其轻重也有所不同。比如，琐事缠身，无法将精力集中到工作之中，只有被上司逼着才向前走，不愿意自己主动开拓；反复修改计划，有着极端的完美主义倾向，该实施的行动被无休止的"完善"所拖延；虽然下定决心立即行动，但就是总找不到行动的方法；做事磨磨蹭蹭，有着一种病态的悠闲，以至问题久拖不决；情绪低落，对任何工作都没有兴趣，也没有什么人生的憧憬。

喜欢拖延的人往往意志薄弱,他们或者不敢面对现实,习惯逃避困难,惧怕艰苦,缺乏约束自我的毅力;或者目标和想法太多,导致无从下手,缺乏应有的计划性和条理性;或者没有目标,甚至不知道应该确定什么样的目标。另外,认为条件不成熟,无法开始行动也是导致拖延的原因之一。

对每一个渴望有所成就的人来说,拖延是最具破坏性的,它是一种最危险的恶习,它使人丧失进取心。一旦开始遇事推拖,就很容易再次拖延,直到变成一种根深蒂固的习惯。这种习惯不但会让自己受到不同程度的损失,还会严重地阻碍着自己工作上的进步。

有一位老农的农田当中,多年以来一直横亘着一块大石头。这块石头碰断了老农的好几把犁头。

每次老农犁地被石头挡路或者毁坏他的农具时,他都发誓要把石头挖出来扔出去。但他又一想,这么大的石头,挖起来一定会费时费力的,还是等农闲时再挖吧。可是到了农闲时,他又会忘掉;而到了农忙时,老农又会为巨石的存在而犯愁。就这样,这块巨石成了老农种田时挥之不去的心病。

一天,这块石头不但把他新买的一把犁头打坏了,还弄坏了他的中耕机。老农想起巨石给他带来的无尽麻烦,终于下决心要了结这块巨石。于是,他找来撬棍伸进巨石底下,却惊讶地发现,石头埋在地里并没有想象得那么深、那么厚,稍使劲道就可以把石头撬起来,再用大锤打碎,清出地里。

老农脑海里闪过多年被巨石困扰的情景,再想到原本可以更早些把这桩头疼事处理掉的啊。这么一想,他禁不住一脸的苦笑。在心里想:“看来,拖延的毛病真是害人啊。”

这个故事告诉我们,在工作当中,我们一遇到问题,就应该立即弄清根源,追根溯源,及时找出解决的途径和办法,把问题立即处理,绝不可拖延。否则,就会让自己拖延误事,给后面的工作造成困难,严重时还会给公司带来巨大的损失。

拖延并不能使问题消失也不能使解决问题变得容易起来,而只会使问题深化，给工作造成严重的危害。我们没解决的问题，会由小变大、由简单变复杂，像滚雪球那样越滚越大，解决起来也越来越难。而且，没有任何人会为我们承担拖延的损失，拖延的后果可想而知。

事实上，对工作拖延绝不是一种无所谓的耽搁。一个公司很有可能因为短暂的拖延而损失惨重，这并非危言耸听。

无论是公司还是个人，没有在关键时刻及时做出决定或行动，而让事情拖延下去，这会给自身带来严重的伤害。那些经常说"唉，这件事情很烦人，还有其他的事等着做，先做其他的事情吧"的人，总是奢望随着时间的流逝，难题会自动消失或有另外的人解决它，须知这不过是自欺欺人。不论他们用多少方法来逃避责任，该做的事，还是得做。而拖延则是一种相当累人的折磨，随着完成期限的迫近，工作的压力反而与日俱增，这会让人觉得更加疲惫不堪。

如果你希望通过拖延来瞒过公司，那你就犯了一个大错误。工作时虚度光阴会伤害你的老板，但受伤害更深的则是你自己。一些人花费很多精力来拖延工作，却不肯花相同的精力去努力完成工作。他们以为自己骗得过上司，其实，他们愚弄的竟是自己。上司或许并不了解每个员工的表现或熟知每一份工作的细节，但是一位优秀的管理者很清楚，拖延最终带来的结果是什么。

可以肯定的是，升迁和奖励是不会落在惯于拖延工作的人身上的。更严重的是，拖延会侵蚀人的意志和心灵，消耗人的能量，阻碍人的潜能的发挥。处于拖延状态的人，常常陷于一种恶性循环之中，这种恶性循环就是："拖延——低效能——情绪困扰——拖延"。为此，他们常常苦恼、自责、悔恨，但又无力自拔，结果一事无成。

商场就是战场，工作就如同战斗。要想在商场上立于不败之地，就必须拥有一支高效能的战斗团队。任何一个经营者都知道，对那些做事拖延的人，是不可能给予太高的期望的。

工作中充满机会，但这些机会是需要我们自己去争取的。最重要的是，当我们有一个成熟的工作计划时，就得立刻去执行。

美国亚特兰大市，因为曾经举办过奥运会而闻名于世，然而，这个城市在举办1996年奥运会之前，其实不过是美国一个

很少有人知晓的城市。但是这个伟大的结果最终还是出现了。这要归功于比利·佩恩的伟大勇气与不懈的努力。

当比利最初在1987年产生申办奥运的想法时，就连他的朋友都怀疑他是否丧失了理智。但是他相信的是自己的行动，他坚信最终的结果只有在行动之后才会出现。而在这之前的一切说法，都不过是自己的臆测而已。

为了全身心地投入这项活动中来，他放弃了律师合伙人的职位。他开始四处奔走，并以最大的努力获得了市长的大力支持，组成了一个合作小组，然后用极大的激情说服了众多大公司向他们的小组投入了资金，并且在世界各地巡回演讲寻求支持。他们每到一个地方，就搞一个“亚特兰大房舍”，邀请国际奥委会的代表共进晚餐，以增进代表们对亚特兰大的了解。

时间一点点累积，努力也一点点在累积，最终在1990年9月18日，比利·佩恩和他的同伴们的努力与行动赢得了回报，国际奥委会打破传统做法和惯例，将1996年奥运会的主办权，交给了第一次提出申请的美国城市亚特兰大。

比利曾说道：“我一直都有这样的观点，我不喜欢周围消极的人，我们不需要有人经常提醒我们成功的可能性不大；我们需要那些积极向我们提供策略和解决问题方法的人。我们最终实际上是靠我们自己来做事，并且我们有意识地做出决定，要从自己的失败中学习经验教训。”

比利和他的团队之所以取得这样的成功，就是因为他们明白这样一个道理，无论是怎样的结果，都只有在真正行动之后才会出现。这是任何人，特别是一个公司员工，在面对自己从来没有做过的项目的时候，应该牢牢记住的一点。只有这样，你才会积累起真正的勇气去面对一切困难，从而获得在别人或者自己看来都是不可能的一切。

优秀的员工做事从不拖延，在日常工作中，他们知道自己的职责是什么，在上司交办工作的时候，他们只有两个回答：一个是——“我立刻去做！”另一个是——“对不起，这件事我干不了。”某件工作能做立刻去做，不能做立刻说出自己不能做，拖延往往与优秀员工无关。

社会学家库尔特·卢因曾经提出一个概念，叫做“力量分析”。在这里面，他描述了两种力量：阻力和动力。他说，有些人一生都踩着刹车前进，比如，被拖延、害怕和消极的想法捆住手脚；有的人则是一路踩着油门呼啸前进，比如，始终保持积极、合理和自信的心态。这一分析同样适用于工作。如果你希望在职场中生存和发展，你得把脚从刹车踏板——拖延——上挪开。

有时，你拖延一项工作，并不是因为整个工作会让你感到不快，仅仅是因为你讨厌其中的一部分。如果是这种情况，就应先做你讨厌的那部分。

“绝不拖延，立即行动！”这句话是最惊人的自动启动器。当你感到拖延的恶习正悄悄地向你靠近，或当此恶习已迅速缠上你使你动弹不得时，你都需要用这句话来提醒自己，让自己在一分钟之内行动起来。

时间一旦消逝，当然永不回头。我们都应该想想自己的生命大约还剩下多少时间，立即拒绝拖延，提升工作效率，从而给自己腾出更多的私人空间，在这个竞争激烈、迅速变迁的世界享受工作、享受人生。

我们一定要记住，在工作中一旦制定了目标，就必须立刻付诸实践。再美好的目标、再容易实现的目标，如果不从现在开始努力，不动手去做，那么它绝不可能变成现实。

很多人年轻的时候，都有过很多伟大的想法，但真正使这些伟大的想法成为现实的人，却只是少数。原因很简单，他们没有立刻行动，他们一直都在等条件成熟的那一天，或者等自己“有空”的那一天。而那一天从来就没有出现过。

不要等你觉得万无一失的时候，才付诸行动，那样你将注定一事无成；不要等你觉得时间充裕的时候，才付诸行动，那样你将注定一事无成。

人生就像一盘棋局，你要想杀得精彩，就要勇敢落子。当然你应该多算几步棋，优秀的棋手都知道“弈算三步”，人生也需要对未来做出合理的评估，但如果你想把整盘棋都算完再走的话，那么你永远都无法动一个棋子。

3. 珍惜工作，让你比任何人都要积极主动

在工作上积极主动，不仅是工作成功的关键秘诀，也是优秀和卓越的不二法门；要取得工作的成功，就需要自己的积极主动；要获得职场的成功，就需要首先做一名积极主动的员工。

阿尔伯特·哈伯德曾说："世界会给你以厚报，既有金钱也有荣誉，只要你具备这样一种品质，那就是主动。"所以，我们要想在职场有所成就，就要先从做一名积极主动的员工开始做起。

积极主动的核心是不要只做领导告知你的事，而是做你必须要做的事。你要明白：你其实是在为自己工作。虽然你的薪水是公司发的，但工作努力的程度决定你工资的绩效。你的工作质量，决定你的生活质量。要怎么做控制在你的手中，能否积极主动地工作完全取决于你。积极主动还表现在一名优秀的员工，会把单位当作自己的家，主动发表自己的意见和看法，把单位的事情当作自己的事情来办。在传统的观念中，我们更容易接受沉默的工作态度。沉默是金，在工作中，沉默可避免许多不必要的麻烦。但是，我们的工作要求我们需要主动。只有积极主动地向领导建议好的工作方法，使领导采纳，促进工作的进一步开展，才能不断地获得上进的机会，才能不断地超越别人。

做一名积极主动的员工，就要主动服从、完美执行；主动负责、坚守自己的职责和使命；主动付出，不在乎多做一点；还要主动节俭、追求高效；更要主动合作，敢于竞争，把团队的利益放在首位，一切以团队利益为重，但绝不是不竞争、不发展，而是主动竞争，积极进取，不断前进，不断超越自己也超越平凡，这才是真正的积极主动。

积极主动，是源自内心的一种激情，引领我们热忱满怀地去竞争、去努力、去奋斗；积极主动，是出于心灵的一种态度，激发我们自信、勤奋、努力和负责地去对待生命中的一切；积极主动，也是激发我们潜能的动力之源，它使我们主动思考、积极行动、勇于进取、一往无前、绝不后退。积极主动如同人生的太阳，光芒所及，动力永存，引领我们克服一个又一个困难，抵达一个又一个成功的峰顶，并且一直向着更远的目标、更高的山峰不断攀登，不断超越，不断奋进！

一旦在工作上采取了积极、主动，就不会把“要我做”当作工作的前提，而是要积极主动地发扬率先的精神，把“要我做”变成“我要做”。只有这样，你的工作才不会变得枯燥无味，你才会取得更加非凡的业绩。

奥里斯因为没有大学文凭，他找工作时费了不少周折。后来，在一位朋友的介绍下，他当了一名送报员。

送报的工作不但薪水很低，而且十分辛苦。有很多人都坚持不了几个月。但奥里斯却十分珍惜这份工作，下决心一定要好好干。他深信，只要自己在工作上积极主动，无论做什么工作，都会有发展的机会。

奥里斯刚开始工作时，由于这份工作要求工作人员对周围的环境非常熟悉，而奥里斯对这里却很陌生。所以，为了让自己把握住这个难得的工作机会，奥里斯每天下班之后就去熟悉各个街道和地名。就这样，他风雨无阻地奔波在匹兹堡的大街小巷，终于熟悉了每一处地方。

为了充实自己，他白天送电报，晚上自学电信知识，到了清晨就跑去电信局练习。奥里斯利用自己全部的业余时间来为自己充电，近乎不知疲倦地工作和学习。

送电报的工作很辛苦，但奥里斯没有因此感到厌倦；相反地，他对发报产生了浓厚的兴趣。当多数人抱怨工作枯燥无味、毫无意义的时候，奥里斯却对工作充满了激情。除了做好自己的本职工作外，他还总是主动去做一些分外的事，帮助其他同事或老板处理一些力所能及的事。

有一天清晨，他早早地来到电信局上班，查看电报时发现有一封来自费城的紧急电报。电报紧急，但是值班的技师还没有来，怎么办？奥里斯知道这不是他分内的事，但是，他不能袖手旁观，于是，他就代收了电报，准确地把它发了出去。后来，老板知道了这件事，就把他提拔为电报士，薪水升了两倍。

由于奥里斯总是很主动地完成自己的工作，他的工作能力越来越强，公司老板越来越欣赏他。后来，公司成立了新的部门后，老板毫不犹豫地提升奥里斯为部门经理。

几年后，奥里斯因为工作出色而成为公司的副总裁。

在工作中，我们只有珍惜工作，才能善待工作。让自己做一名积极主动的员工，会让你像奥里斯一样，从送报员成为公司的总裁。

当我们在工作中积极主动地去奋发努力时，我们就会发现自己的业绩也在一路飙升，同时我们的地位也会在不断提高。老板对你的信任和青睐、同事对你的尊重和敬仰、客户对你的支持和赞赏、生活对你的回赠和奖赏，不约而来，如期而至，而成功就在他们背后正向你款款而笑。

工作在让我们获得收入的同时，还能让我们获得社会的尊重。因此，我们在拥有一份工作时，一定要懂得珍惜，在工作中化被动为主动，这样才能做好自己的工作。那么，我们怎么做才能对工作积极主动？具体来说，要具备以下几个方面的心态：

1. 树立“过门”心态。把公司当成自己的家。每位员工进入公司后，要在内心树立“这是我们的公司”的意识，把自己放在公司主人翁的位置上，与公司风雨同舟，这也是实现自身价值的最短路线。

我们在当前的工作中经常会遇到这样的情景，行动上好像“过了门”，但思想上还把自己当外家人。有的人在公司做了好几个月，但是还会对老员工说：“你们公司”的规章制度怎么怎么不合理，“你们公司”凭什么罚我的款等类似的话。完全没有把自己当成公司的一分子。我们应当树立这样一种意识：从进入公司的那一刻起，你就是公司的人了，这里不是逃避就业压力的避风港，也不是你暂时休息的地方，这里是你的家，每一位员工都应该把自己的命运和公司的命运牢牢绑在一起，投入自己的忠诚和责任心，将身心彻底融入公司，不找任何借口，尽职尽责，处处为公司着想。

2. 抛弃打工心态，成就老板心态。那些优秀的员工，他们感恩自己能够得到这样一份工作，同时也珍惜自己的工作机会，无论老板在不在，他们始终能够主动自发地工作。他们认为：“公司是我的，我就是公司的老板。”换言之，他们具有老板心态。以老板的心态对待公司的人，你就是一个值得信赖的人，一个老板乐于雇用的人，一个能成为老板得力助手的人。让老板感受到你是自家人，你就会随着公司一起慢慢成长，最后获得成功。

3. 以主人翁的心态贡献自己的力量。一个优秀的企业，必须要有一大批这样的人：以老板的心态去工作，站在老板的立场思考，以主人翁的态度对待公司，从而积极主动地工作，为企业的发展贡献自己的力量。

4. 积极主动的心态。积极主动地工作，还包括要用心工作，善于动脑筋。工作是需要积极主动的，首先心态要积极、思维要主动，只有这样工作效率才会高，效果才会好。积极主动地工作的人，将获得工作所给予的更多的奖赏，他们也非常清楚自己该做些什么，而不必上级一点一点地交代，他必然是一个用心做事的人和值得信赖的人，也是一个容易成功的人。用心做好工作。我们既然拥有了工作，就应该在 8 小时内全身心地投入工作，而不是得过且过，做一天和尚撞一天钟，这样对待工作的人，工作中也一定不开心，总有一天工作会抛弃你。

4. 主动工作，让你成为工作的主人

在现在这个竞争激烈的时代，我们要想在职场上成为胜者，就得主动工作，让自己成为工作的主人。因为任何企业、任何老板都希望聘用主动工作、主动寻找任务、主动完成任务、主动创造财富的员工。

主动工作，不但会让我们成为工作的主人，还能让我们随时准备把握机会，展现超乎公司、老板要求的工作能力；主动工作，会让我们“为了完成任务，必要时不惜打破成规”的智慧和判断力。而那些工作时主动性差的员工，墨守成规、避免犯错，凡事只求忠诚公司规则，老板没让做的事，绝不会插手；而工作时主动性强的员工，则勇于负责，有独立思考的能力，必要时会发挥创意，以更好地完成任务。

要想在工作中获得成功，就必须努力培养自己的主动意识，在工作中要勇于承担责任，主动为自己设定工作目标，并不断改进方式和方法。

冯英毕业于名校，在一个大公司当总经理助理，因为刚工作没有经验，他的薪水很低。

总经理是业内的成功人士，除了忙工作外，还经常到各个公司或企业去演讲。后来随着总经理的名气越来越大，每天都有很多的读者给他来信，而这件事并未引起总经理的注意。或许是因为忙吧，他总是让冯英帮着他处理这些小事情。同时又对冯英说："你可以有选择性地给读者回信，否则，自己就太累了。"

得到总经理的许可后，冯英非常高兴。从那天起，他开始在晚饭后回到办公室继续工作，不计报酬地干一些并非自己分内的工作——替总经理给读者回信。

在回信前，他曾经精心研究过总经理的语言风格，以使得这些回信看上去和自己老板写得一样好。那时，他经常在下班后依然坚守在自己的岗位上，在没有任何报酬的情况下，依然用心工作，功夫不负有心人，几个月后，他终于能写出一手和总经理相差无几的文章了。

在给读者回信时，碰到他即兴发挥时会更好。有将近一年的时间，他一直坚持这样做，并不在意老板是否注意到自己的努力。有时为了给每一位读者写回信，冯英经常通宵加班，但这些额外的工作，他从来不向人提起。

终于有一天，总经理的秘书有事辞职，在挑选合适的人选时，老板自然而然地想到了这个冯英。

成为总经理的助理兼秘书后，冯英的工作兴致越来越高，经常主动帮着总经理写演讲稿。当总经理因为有事脱不开身时，也是他帮着接待客户。由于经常和文字打交道，不但让冯英的口才得到提升，还加强了他与人沟通的能力。渐渐地，他出色的交际能力开始引起更多人的关注，其他公司纷纷提供更好的职位邀他加盟。为了挽留他，总经理多次提高他的薪水，与最初当一名普通的总经理助理的薪水相比已经高出了将近五倍。

这就是主动工作的好处，它不但能让冯英能够轻松地驾驭着自己的工作，还让他不断地得到提升，最终靠自己的实力在职场上立足了。

在工作中，我们只有主动去做老板没有交代的事情，并把这些事情做好，才能提升自己在老板心目中的位置，被提升到更高的职位，获得更大的成功。

不要总等着老板吩咐任务给自己，这样才能有更多的机遇。这就像一群叽叽喳喳等待老麻雀喂食的小麻雀，如果小麻雀不主动张开嘴巴，那么，虫子就会落入其他主动张开嘴的小麻雀嘴里，吃到食物的机会也就失去了。工作也是如此，只有主动去做，才能有更多的机会。

赵虎毕业后，在一家规模不大的私企工作，因为公司小，他平时工作也不忙，主要负责整理材料、登记文件、接听电话等工作。

刚上班的时候他感觉很清闲，一般都是老板吩咐他做什么，他才去做，老板不吩咐时，他就乐得悠闲自在。三个月过去了，因为他对工作熟悉了，所以，做起来更是得心应手。每天都能把老板吩咐的工作早早做完。在没有什么事情可做的情况下，他就待在办公室里上网、聊天，闲得令他发慌。

日子长了，赵虎觉得这样下去不是个事，不但让自己感觉到没事可做的无聊，还让他觉得一天下来毫无收获。于是，他决定改变这种无聊的工作现状。

他觉得，要想让自己在工作中忙得有意义，除了把老板分配的工作做完外，还要主动地寻找工作来做。

说做就做。他决定先到市场部门那里找活儿干。由于市场部门刚成立，那几个新来的同事都是刚来的，由于对工作不熟悉，总是忙得不可开交，他就想帮他们分担一些。可因为他来公司时间太短，也不熟悉办公室里的工作程序及操作流程，很多东西都不会，就连发传真这么简单的活，他都不太会，更不用说帮助同事做其他的事情了。

为了能胜任这项工作，他决定在工作中学习，在工作中边学边做，是进步最快的。之后，他每次上班的时候，当自己手头没工作时，就主动去市场部，主动帮他们做事，有不懂的就问。渐渐地，他越来越熟悉这里的工作，时间长了，竟然成了同事们离不开的人了。

从此以后，他一上班就问老板，有什么事情可以帮忙的，如果老板说没有，他就会主动提出帮市场部的同事工作。他每天都忙得很开心。

有时他还会主动向同事请教：如何使用传真机、如何用专门的数据库统计数据、如何在电脑上制作表格及绘图等。就这样，赵虎很快对公司的整体运作情况有了一定的了解，同时也学到了不少操作上的知识。工作两年后，他就被公司调到了管理部门。

可以说，我们要想在职场中更好地生存，最重要的就是机会。没有机会，再有能力的千里马也难免被埋没在碌碌马群之中。没有一种成功会自动送上门来，任何机会都需要主动争取。学习如此，幸福如此，财富如此，健康如此，工作也如此。

在工作中，你如果不主动付出努力，积极地去工作，就无法得到任何发展的机会。主动才能赢得一切。当你积极主动地做事，并且做到最好的时候，机会自然就会降临。

如果你想有好的人际关系，你就必须选择主动问候；如果你想受人欢迎，你就必须主动承担责任；如果你想有机会晋升，你就必须主动争取任务；如果你想要在工作中取得成就，你就必须主动工作。

每位老板都很看重员工对公司的感情。当一名员工能处处为公司着想时，他就会主动去工作。为了让自己胜任工作，他会主动去学习。有了这种主动的精神，在公司一些部门因为种种原因而暂缺人手时，首先站起来去“补位”的员工，自然也是这种工作主动的员工。当他顺利地解决了公司的燃眉之急后，自然会得到领导的欣赏和信任。

机会不会白白降临到一个人身上的，只有让自己主动做事、主动工作的人才能获得更多的机会。在职场上，有两种人是永远都得不到提升的：一种人不肯听命行事，另一种人只肯听命行事。一种人，他们被告知过很多次后，还非常不情愿地去做事情。另一种人，你告诉他怎么做，他就怎么做；你要他什么时候做，他就什么时候做。

我们要有把工作做好的强烈欲望，这种欲望能帮你克服面临的困难，是你成功的动力。无论事情多简单还是多复杂，是自己感兴趣的还是不感兴趣的，我们都应该主动地寻求解决的方法。现代社会，很多人都处于茫然之中，他们每天茫然地上班、下班，被动地应付工作，不肯将自己全部的热情和智慧投入工作，因而也不可能在职业生涯上取得更好的发展。

职场中的一些人，只知道机械地完成老板交给的任务，不敢越雷池半步。对于这样的员工，老板会毫不犹豫地将他排除在晋升范围之外。

主动本身就是一种可贵的品质，主动追求完美，这需要有职业化、专业化水平。遵守职业道德，增强职业素养，提高职业技能。讲诚信，讲奉献，低调做人，高标做事。处处以职业化的要求来对待工作，按时按量按质完成领导交给的各项工作。利用一切业余时间学习专业知识，提高自己的专业水平，为今后的发展奠定良好的基础。

主动追求工作的完美，是我们成功必备的条件。因为只有积极主动地把工作做好，才不会与机会失之交臂，才能获得成功的青睐，到达胜利的彼岸。

5．珍惜工作，让你把工作当成自己的事业

在工作的旅途中，我们只有珍惜工作，才能把工作当成自己的事业。世界首富、微软创始人比尔·盖茨先生说："如果只把工作当作一件差事，

或者只将目光停留在工作本身，那么即使是从事你最喜欢的工作，你依然无法持久地保持对工作的激情。但如果把工作当作一项事业来看待，情况就会完全不同了。”

作为一名员工，我们要善于把工作中不如意的一面化解，当你珍惜工作时，才会时刻感觉到有工作是一种幸福。只有当工作有幸福感时，我们才能把工作当成真正追求的事业。

把工作当成事业，能让你更好地释放自己的所有能量，看看自己的智慧到底能走多远，这是个甘心付出、不求回报的过程，因为在实践自己所想所思的过程中，已经可以品尝足够多的快乐。

我们只有珍惜自己的工作，才能在工作中不懈地努力，业绩才会不断攀升，每一次小小的进步，都会收获不小的成就感。继而信心越来越足，不断超越自我，追求完美，又会取得更大的突破，自己的职业幸福感也会随之提升。这时工作对自己来说，不再是苦闷、枯燥，而是一种享受。

弗朗士是一家超级市场新近才招聘来的最基层员工，他只是一个不起眼的包装工，看不出他的工作有什么发展。但他非常珍惜自己的工作，对工作十分敬业，为了让自己把所做的工作做精做好，他经常在工作之余练习包装。

有同事笑他：“咱们的薪水是按月发的，你包得再快还是挣那个钱，有必要这么练习吗？”

听了同事的话，他深情地说：“我觉得自己不是在工作，而是做自己的事业。对自己所做的事业，当然要做到完美了。”

由于车间的活比较清闲，他为了让自己能胜任公司里的所有工作，在休息时间，他会抢着帮同事干活。当载货部门活多得干不过来时，他会主动去帮忙，并告诉这里的领导：“我没事的时候可以来这里帮忙，多了解一下咱们部门工作的情形。”

后来他又到畜产部门帮着工作，看到这里比其他部门忙，他就对经理说：“我希望有空时来这里向你学习，了解你们包肉和保存的过程。”经理欣然同意，不久，他在闲暇时就加入了这个部门的工作。

过了一阵子之后，他又分别到烘焙、安全、管理、清洁甚至信用部门帮忙。总之，他只要有空闲，就会去公司里找活干，绝不让自己闲着。

看他这么闲不住，同事们就都乐意让他帮忙。因为他喜欢工作，为了把工作做好做快，他尝试着找方法。一年下来，他总结了很多提高工作效率的经验。他的很多工作方法还得到公司和老板的认可，许多同事争相采取他的工作方法。

就这样，弗朗士凭着对工作的热爱，在工作上的成就越来越大。两年以后，公司有个经理的职位空缺下来，老板毫不犹豫地想到了弗朗士。

当公司员工看到才工作了两年的弗朗士居然当上了公司的经理时，十分不解，因为大家都知道公司经理算是高管了，按公司的正常程序，担任这个职位的人，必须要有至少八年的管理经验才能胜任的。

面对员工的质疑，老板说道："那些要求，是针对一般人的，而对于像弗朗士这种把工作当成事业的人来说，有两年的工作经历已经足够了。因为一个把工作当成事业的人，会始终端正态度、振奋精神，始终保持实干的劲头、开拓的勇气、创新的意识。所以，他无论坐在哪个位子上，都会做出成绩的。"

从弗朗士的事例中，我们可以发现，要想把自己的工作做好，除了真心喜欢外，还要把工作当事业，才能让自己做出一番成就。这是因为，只有工作才会退休，事业是永远不会退休的。

在生活中，我们常常听到有人抱怨自己的工作太简单，太平凡，太没有前途，终日愤愤不平，得过且过。殊不知"一屋不扫，何以扫天下"，一个人连最简单的事情都干不好，又如何能做出惊天动地的大事呢？

如果把工作当成一种谋生的手段，甚至看不起自己的工作，就会感到艰辛、枯燥、乏味。如果将工作当成自己的事业，一个人就会因此而迸发出无尽的热情与活力，自己的潜能也会得到最大限度的发挥。

当我们心中珍惜工作时，你工作的标准不再是世俗标准的衡量，一切皆源自内心真诚地珍惜之情，这种珍惜可以让你永无止境地努力去工作，这会使整个工作过程充满挑战和想象力。

珍惜自己的工作，会让你在公司提供广阔的发展空间上奋力去拼搏；珍惜你的工作，会让你自动自觉抓住每一个机会，以一种事业之心来担起这份责任，并通过自己的努力来回报这一切。

当今社会，职场人士承担着巨大的有形或无形的压力。许多人不尊重自己的工作，对自己的工作不满，觉得没什么意思，非常不快乐。他们认为自己是迫于无奈才选择了这份工作，或者，他们认为工作枯燥无味，完全不是自己所想象的情形。于是他们把工作当作一件苦差事，在工作中愁眉苦脸，不断叹气，在无聊中等待下班，在碌碌无为中虚度光阴，从热爱工作到应付工作再到逃避工作，一些人的职业生涯就这么枉过一生。

如果你只把工作当作一件差事，那么你就很难倾注你的热情，而如果你把你的工作当作一项事业来看待，情况就会完全不同。比如，业务员在拟订合同时，想的是一个几百万元的订单；通讯员写稿时，想的是给企业带来良好的信誉；化妆师为新娘子化妆的时候，把它当作一件艺术品来创作……还会有人认为自己的工作周而复始、枯燥无味吗？

把工作当作一项事业来做，把自己的职业生涯与工作联系起来，你就会觉得自己所从事的是一份有价值、有意义的工作，并且从中可以感觉到使命感和成就感，从而彻底改变浑浑噩噩的工作态度。

把工作当做一种事业，会让你在日常工作中，不再小看自己所做的每一件事，即便是最普通、最简单的事，也应该积极主动、全力以赴、尽职尽责地去完成。小任务的顺利完成，有利于你对大任务的成功把握，进而一步一个脚印地向上攀登，最后走向成功的彼岸。

6. 珍惜工作，让你勇于挑战“不可能”的任务

当今时代，我们要想在工作上有一番作为，就得珍惜它。只有珍惜，

才会让自己甘愿无条件地付出；只有珍惜，才会激发自己的斗志，在工作中勇于挑战“不可能”的任务。

在工作上勇于挑战、敢于挑战，是我们珍惜工作的最好行动。西方有句名言：“思想决定命运。”不敢向有难度的工作挑战，就是对自己潜能的画地为牢，自我设限。这种思想最终会让自己无限的潜能转化为被抛上沙滩的鱼，在徒劳无益的挣扎过后干涸而死。

美国钢铁大王安德鲁·卡内基在描述他心目中的优秀员工时说：“我们所急需的人才，不是那些有着多么高贵的血统或者多么高学历的人，而是那些有着钢铁般坚定的意志，勇于向工作中的‘不可能’挑战的人。”

挑战“不可能”需有大志，然而大志也绝不等于心浮气躁。现代有些人心气浮躁，总想在一夜之间成功，或者认为只有找到好工作才有大志。如果你这么想，那就大错特错了。古往今来，有许多成功者，都是从最平凡的岗位上做起的。他们之所以能成功，最主要的一点就是，勇于挑战工作中的“不可能”，经过努力，他们把所有的“不可能”变成了可能。

其实，很多看似“不可能”的任务，困难只是被人为地夸大了。当你冷静分析、耐心梳理，把它“普通化”后，你常常可以想出很多有条理的解决方案。

因此，当我们接手一项颇具挑战性的任务时，要立刻行动起来。很多事情并不像你想的那样困难，你可能会很顺利地就做完了。即使第一次没做好，你也不要被恐惧吓倒，同样要积极地行动起来。你可以认真分析一下问题的关键所在，看看自己做的是否符合上司、老板和公司的要求，是否对公司很重要，如果你找不出解决问题的方法，可以与同事讨论或向上司请教，赢得他们的支持和帮助，然后再去做。

在球场上，比赛时间仅剩 8 秒，保加利亚队 2 分领先对手，而根据循环赛制规则，他们必须赢得 5 分才能取胜。要用剩下的 8 秒钟再赢 3 分几乎是不可能的。这时，保加利亚队请求暂停，许多人对此付之一笑。

谁料，暂停结束，只见保加利亚队员快速运球向自家篮下跑去并起跳投篮，使双方“打”成了平局。加时赛上，保加利亚队赢得 6 分，如愿以偿地出了线。

事后，保加利亚的队员在接受采访时，几乎是异口同声地说："在比赛中，我们不是为了赢得比赛而打球，是为了自己心爱的事业在打球。"

球场上，保加利亚队之所以能把看似"不可能"赢的比赛赢了，是因为他们在球场上的职业精神，他们不是为球赛在战，而是在为自己的事业而战。正是这种职业精神，让保加利亚队就是利用最后 8 秒钟创造了双方的平局，获得加时赛的 5 分钟，把 8 秒钟内获胜的"不可能"，变为了 5 分钟获胜之可能。正是因为有了这种精神，才让他们不断战胜和超越自我的决心和勇气，并将这种决心和勇气付诸实践，才使得他们把在一般人眼里根本不可能的事，彻底推翻或改写。

在职场上也是同样的道理，我们要勇于向"不可能"的任务挑战，是一个人事业成功的基础。西方有句名言说："一个人的思想决定一个人的命运。"不敢向高难度的工作挑战，是对自己潜能的画地为牢，最终只能使自己无限的潜能化为有限的成就。

当然，敢于向"不可能"的任务挑战的"职场勇士"和事事求安稳的"职场懦夫"在老板心目中的地位也是截然不同的。

渴望成功，渴望与老板拉近距离，是大多数职场人士的心声。如果你也在其中，那么当一件人人看似"不可能完成"的艰难任务摆在你面前时，就不要抱着"避之唯恐不及"的态度，更不要花过多的时间去设想最糟糕的结局，不断重复"根本不能完成"的念头——这等于在预演失败。就像一个高尔夫球员，不停地嘱咐自己"不要把球击入水中"时，他脑子里将出现球掉进水中的映象。试想，在这种心理状态下，击打出的球会往哪里飞呢？

而最值得一提的是，要想从根本上克服这种无知的障碍，走出"不可能"这一自我否定的阴影，跻身老板认可之列，你就必须有充分的自信。相信自己，用信心支撑自己完成这个在别人眼中不可能完成的任务。

信心会给予你百倍于平常的能力和智慧。因为"自信的心"能够打开想象的心锁，让你能够驰骋在理想的空间，赋予你实现梦想的"关键元素"，那就是足够的能力和智慧。

如果任务确实有难度，你还可以将它细分成容易执行的几个小任务，各个击破，一步一步地完成。当你始终处于行动的状态中时，你就不会感到恐惧的存在，因为任务的难度已经在你的积极行动中降低了。

即使挑战之后没有让“不可能完成”的任务变成被完成的现实，也千万不要沮丧、失望。聪明睿智的老板一定不会只看结果，他在决定你是否应该被委以重任时，还会观察你的勇于挑战的工作态度和勤于思考的工作作风。他比任何人都明白，没有任何一种挑战会有马到成功的必然性。同时，你挑战“不可能”的任务时所经历的、所得到的都是那些胆怯观望者们永远也不可能得到的，而这些正是帮助你走向成功的资本。

第五章

尽职尽责，珍惜工作要牢记自己肩负的责任

工作就意味着责任，无论从事任何工作，都需要我们尽职尽责地去做。社会学家戴维斯说："放弃了自己对工作的责任，就意味着放弃了自身在这个社会中更好的生存机会。"对于我们每个人来说，我们不但要珍惜自己的工作机遇，而且还要在工作中牢记自己肩负的责任，把工作尽职尽责地完成，只有这样，才能让自己的价值在工作中淋漓尽致地发挥出来。

1. 对工作尽职尽责，是珍惜工作的基础

对于我们每个人来说，工作就意味着责任。对工作尽职尽责，是我们珍惜工作的基础。社会学家戴维斯说："放弃了自己对工作的责任，就意味着放弃了自身在这个社会中更好的生存机会。"

无论我们所做的是什么样的工作，只要我们能够尽职尽责地去把它做好，就证明我们所做的事情就是充满意义的，我们就会获得别人的尊重和敬意。

工作中，如果我们每个人都充满着责任感，尽职尽责地去对待工作，那么就会设法去解决出现的问题，就能够排除万难，甚至可以把任何艰巨的任务都完成得相当出色。但是，如果一个人一旦失去责任感，不能够尽职尽责地去对待自己的工作，那么即使是自己最擅长的工作，也会做得一塌糊涂。

对工作尽职尽责，就是做好职责范围内应做的事情。在激烈的国际竞争中，以"追求完善、塑造完美"著称的德国人，可说是一部教我们尽心尽力尽职的活教材。

20世纪末，一个与我国一家著名公司合作的德国公司的工程师，特地到我国拍地产项目的全景。这事如果搁在一般人身上，就在楼上拍就可以了。但这位工程师却没有，他为了把项目的全景拍好，一连几天，他都在寻找合适的角度，后来硬是徒步走了两公里爬到一座山上，连周围的景观都拍得很到位。

看到他为了拍一张全景照片浪费这么多的精力，令那位著名公司的负责人有点惊讶，就问道："不就是一张全景照片嘛，何必浪费这么大的精力呢。"

这位工程师想了没想就回答了一句："既然公司派我来，我就要对工作尽职尽责。回去后，董事会成员会向我提问时，我要把这整个项目的情况告诉他们才算完成任务，不然就是工作没到位。"

那个公司的负责人说："项目的情况，文件里都写得清清楚楚，你可以让他们看文件啊。"

这位德国工程师说道："我要做的事情，不会让任何人操心。任何事情，只有做到100分才是合格，99分都是不合格。如果看文件能解决问题，那派我来还有什么意义。"

这充分说明德国人对于自己的工作是非常尽职的，这不单单是民族的特性，更是德国人对于自己职业的要求。

在职场上，如果我们能在尽心、尽力的情况下，尽职做好自己的工作，那么我们一定会在工作上取得非凡的成就。

一个人只有珍惜工作，才能对工作尽职尽责。只有有了尽职尽责的精神，自己才能在激烈的职场竞争中脱颖而出，或者成为工作领域的专家、或者成为公司不可或缺的人才……曾经有一位商业巨子在谈到自己的成功时，这样告诉人们："朋友们，'只为成功找方法，不为失败找理由'帮助我获得了今天的成就。在最初我选择职业的时候，我没有怀疑过自己的选择，也没有对我所服务的公司抱过疑虑；我当时的想法很简单，既然我接受了这份工作，那么我应该在正视工作的同时，给予它足够的重视，我只要比别人多努力一点点，多那么一点点责任感，那么我就有可能因此获得我人生的一个成功。事实上，在后来的工作和创业中，我一直坚持自己最初的想法，因此我获得了成功。"

我们一定要明白，只要自己工作就意味着负有责任，从事工作就必须做到尽责。那么何为"尽责"呢？尽责，就是尽力承担责任的意思，通俗地讲就是负责的意思。它的内涵就是：责任面前不需要有任何借口；这是一种敬业的精神，是一种服从的态度，是一种完美的执行力。

十多年前，技校毕业的周清到这家公司就职时，做的机电工作，因为这份工作很对周清的专业，所以他喜欢并珍惜这份工作，对工作尽职尽责。

周清在工作中一干就是十多年，十多年中，不但让周清的业务技术得到了提升，而且他勤勉踏实而又负责的态度得到领导和同事的肯定。在他工作的第四年，公司就提拔他为部门电修二组的组长。一向对工作尽职尽责的周清更忙了。他爬门机，登行车，放电缆，每一样都走在同事的最前面。

工作忙时，周清还会带病坚持工作。原来，周清患有颈椎炎，工作时经常会看到他双手交换着敲打后颈部，实在难受的时候，他就摇着头部以缓解疼痛。但就是这样，他对工作仍然是从不懈怠。

有一次，一根高压油浸电缆由于使用年限长，出现了老化漏油现象，周清发现情况后，及时向领导汇报了情况。第二天，公司临时决定更换这根有严重隐患的电缆。因这根电缆关系到公司一部分场地的照明和码头动力箱的供电，电缆必须在当天更换完毕。而部门要求电修组全力配合机修厂做好准备工作。可不巧的是，当时正值星期六，班组人员都休息，技术过硬的周清，立刻提出由自己来完成任务。

周清一个人在周六、周日自动加班。由于那块电缆盖板平时很少开启，上面又没有挂钩，要开启必须花上很多的时间和力气，于是周清拿起撬棒，一点一点撬起盖板穿上钢丝绳，然后由铲车吊离电缆沟。就这样，他从周六早上七点半一直干到晚上十点。又从周日早上五点干到下午三点，才把工作做完，当灯光照亮的一刹那，周清笑了。而此时，他还没吃中午饭呢。

在安全管理中，周清更是认真负责。他每月都按时布置职工学习计划，并组织开好每一期“三三制”活动；每次分工会，他都要不厌其烦地叮嘱每位职工要做好安全防范工作；一有机会，他还经常与职工进行交流谈心，并对个别思想上有负担的职工及时进行开导，确保职工思想稳定，促进班组安全工作。通过他的努力，班组职工的安全意识明显增强，精神状态明显改变，工作积极性显著提高。整个班组形成了一种既体现严格管理、又充满生机活力的和谐的工作氛围。

在业务素质上，周清更是从不含糊。因为他是电修组组长，这就要求他不仅要当好表率，而且要业务过硬。他深知自己文化程度不高，因此在工作的间隙，都会跑到队部的电脑前查资料，和管理技术人员一起探讨解决问题的办法，并从中使自己的业务素质得以提高。当前，公司作业区的生产形势喜人，临时堆场不断扩建，因而也就增加了更多为照明设施供电的这些相关工人，并为开灯和关灯要消耗很多的时间和人力。对此，队部研究决定对临时场的照明进行光控改造。为做好这工作，周清安排职工分档工作，他自己也每天奔波于各个临时场地，职工们只要一有问题，他就会出现在旁边，并和职工们一起全力予以解决。

周清这样诠释自己对工作的尽心尽责：我们只有做好一份工作才能算有一份成绩，个人取得了成绩就是公司多了一份成绩，聚沙成塔，只有这样我们公司才能不断发展壮大。

对工作尽职尽责，需要我们在职的每一天都要踏踏实实、尽心尽力地工作，这样才能够把工作做得更好，才能更好地体现自己在工作和生命中的价值。

工作中的每一件小事情都要力争高效地完成。不论你现在的工作多么微不足道，也不论你对工作如何不满，只要你用尽职尽责的认真态度、饱满的热情、主动积极的精神去工作，那么，你就会从平凡的工作岗位上脱颖而出。

许多人刚步入职场，就梦想明天当上总经理；刚创业，就期待自己能像比尔·盖茨一样成为富人之首。要他们从基层做起，他们会觉得很丢面子，甚至认为这简直是大材小用。尽管他们有远大的理想，但缺乏专业的知识和丰富的经验，缺乏脚踏实地的工作态度。脚踏实地是职场人士所必备的素质，也是实现梦想、成就一番事业的关键因素。因此，职场中的每个人要想实现自己的梦想，就必须调整好自己的心态，打消投机取巧的念头，从一点一滴的小事做起，在最基础的工作中，不断地提高自己的能力，为开始自己的职业生涯积累雄厚的实力。

成功者和失败者的分水岭是：成功者无论做什么，都会尽心尽力，做到尽职尽责，力求尽善尽美，始终不会有所懈怠。

有人曾说：如果你非常热爱自己的工作，那么你的生活将是天堂，否则，你的生活将是地狱。拥有一份工作，我们就得珍惜、热爱这份工作，做到“在其位，谋其职”。尽心尽力，尽职尽责地做好本职工作是自己的职责所在，也是实现自我、成就卓越的必经之路。

无论你所做的是什么样的工作，只要你能够尽职尽责地去把它做好，你所做的事情就是充满意义的，当你把自己的工作做得出色时，就会获得别人的尊重和敬意。

在工作中，如果我们每个人都充满着责任感，尽职尽责地去对待工作，那么就会设法去解决出现的问题，就能够排除万难，甚至可以把“不可能完成”的任务完成得相当出色。但是，如果一个人一旦失去责任感，不能够尽职尽责地去对待自己的工作，那么即使是自己最擅长的工作，也会做得一塌糊涂。

无论我们做什么工作，都要记住，只有对工作尽职尽责，你才能对自己所担负的使命忠诚和信守，才能出色地完成自己的工作，才能在工作岗位上忘我地坚守。如果一个人希望自己一直有杰出的表现，就必须在心中种下对工作尽职尽责的种子，在工作中让责任成为鞭策、激励、监督自己的力量，这样你就能成功地立足在职场上。

2. 珍惜工作，明确自己的工作职责

在职场上，我们要把珍惜工作落实到行动上，就得明确自己的工作职责。这里所说的工作职责，不仅是在自己的岗位上干好本职工作就可以

了。作为公司的一员，我们除了做好本职工作，还要明白自己工作的真正目的。

明确自己的工作职责，需要我们改变思维方式，不论何种工作摆在我们面前时，我们首先想到的是负责的岗位，而不是负责的部门，我们一旦明确了自己的工作职责，就会让自己的工作变得重要起来。

一个小和尚担任撞钟一职，半年下来，他开始觉得自己的工作缺乏新意和挑战，无聊之极，所以也就没有了激情，索性让自己“做一天和尚撞一天钟”。

一年后的一天，寺院住持宣布调他到后院劈柴挑水，原因就是他不能胜任撞钟一职。小和尚不服气，就追问老住持：“你怎么会觉得我不能胜任呢，难道我撞的钟不准时、不响亮吗？”

老住持听后，耐心地告诉他：“你撞的钟很准时、也很响亮，但是钟声空乏、疲软、没有感召力。你知道吗？有感召力的钟声要响亮、圆润、浑厚、悠远，这样才能唤醒沉迷的众生。”

小和尚听后，恍然大悟，终于明白了自己不能胜任撞钟的原因，是因为自己没有明确自己的工作职责，只是简单地以为，撞钟就撞钟，却没有想到还要用钟声来唤醒众生。

小和尚因为没有明确自己真正的职责不仅是撞钟，更重要的是利用钟声唤醒众生。所以，虽然他每天都在做撞钟的工作，但其实没有任何意义。

在平常的工作中，我们往往都会犯与小和尚同样的错误，就是认为只要做好自己的本职工作就可以了，其他的一概不关自己的事。其实我们除了本职之外还有更多的职责，如对公司负责，对团队的责任、对客户的责任、对社会的责任等。我们只有学会明确自己的责任，减少对责任的推诿才能更好地落实责任，才能在干好本职工作的基础上干好其他工作，把工作做得更好、同事关系更和谐、上下级关系更融洽。

在工作中，总是有一些人要么对工作拖拖拉拉，没有激情；要么喜欢在工作上做些越位的事情，做些本不属于自己职责范围的事。

一次，销售经理张经理带王刚出差谈生意，因为客户代表苏林是王刚的大学同学，张经理希望王刚能以这层关系为突破口，搞好公关。

王刚确实很快就和老同学热乎起来，不仅给他详细地介绍了公司的产品，还天南海北地聊起来。然而，在谈到一些合同细节时，王刚居然完全没有征询张经理的意见，最后，竟然自己拍了板，商定了合同，让坐在一旁的张经理十分尴尬。

王刚更过分的是，在用餐时，他无视于一旁的张经理，而是自作主张地点了满满一桌子菜，和苏林继续神聊，把张经理晾在一边。看到满桌的菜肴剩下大半，餐费大大超过了他们的预算，张经理心里更加不满意。

在回公司的路上，王刚得意地问张经理："经理，我这次表现还可以吧？"

张经理冷冷地说道："嗯，不错，给我留下了深刻的印象！"

让王刚意想不到的是，从那以后，他再也没有出差的机会了，彻底被张经理给雪藏了起来！

虽然在这次谈判中，王刚也起到了重要的作用，然而，他却忘了自己真正的职责，凡事都自作主张，根本没把张经理当回事，他这样做，怎么能得到领导的信任呢？

作为下属，在工作中用四个字来概括自己的定位就是：贯彻执行。贯彻的是领导的思想，执行的是领导的决策，在贯彻执行的过程中接受领导的考核。无论是和领导相处，还是你做你的工作，你的工作就是必须尽己所有的能力助他一臂之力，但是，请不要忘记自己的真正"职责"而自作主张，喧宾夺主。

在与领导相处的过程中，我们只有分清了自己的职责，才能明白自己怎么去做。这些职责大到与客户谈判、日程安排，小到出去买水、确定住宿标准，都应该明确自己的职责，先听听领导的意见，以免出现不合时宜的言行，最佳做法是当好"参谋"，提出建议，说明理由，把最终的决定权交给领导，最忌讳的就是在工作中耍小聪明，忘了领导的存在而自作主张。

在工作上明确自己的职责，就是要让自己把握好一个"度"。有的员工长期在上司身边工作，深得上司的信任，就产生错觉，以为深受重用就消除了与上司之间的界线，从而忘了自己的职责，做一些费力不讨好的事情。

我们只有在工作中明确自己的岗位职责，才能把工作做到位。在人力资源中有一个经典的"刺猬理论"，说的是刺猬在天冷时彼此靠拢取暖，但它们都会保持一定距离，以免互相刺伤。其实"刺猬理论"讲的就是人际交往中的"心理距离效应"，运用到具体的工作实践中，就是下级与上级要保持适当的距离，也就是一种不远不近的恰当合作关系，既避免过分的殷勤而引起的恭维、奉承等功利性的目的，也不会因为过分的疏远而遭到领导的忽视，把握这样的尺度就能在充分得到上级尊重的同时保证在工作中不丧失基本的原则。其实，无论远近，舒适、温暖就好。所谓"疏者密之，密者疏之"，这才是职场的成功之道。

3. 珍惜工作，让内心的使命感无处不在

使命感，是一个人对待生活、对待事业、对待人生的态度，是一种促使人们积极采取行动，实现自我信仰和人生目标的心理状态。我们只有做到珍惜工作，才能让内心的使命感无处不在。

如果我们每一个人都将我们的工作当作使命一样去对待，那么，我们不仅能更好地完成我们的工作，而且能获得更多工作以外的有价值的东西。上帝会把最珍贵的礼物放在最后，留给有使命感的人。

比尔·盖茨在 19 岁的时候创办微软公司，一直到今天还在拼命地工作，那是因为他有一个想让每一个家庭的桌子上都有一台电脑的工作使命感。他如果为了金钱而不是使命感工作时，他的动力就不会持久下去，自然也不会获得今天的成功。如果他为金钱工作，他在过去没有钱的时候，或许可以为了金钱而工作，可是在今天，他的财产已经多到花都花不完的程度，他还肯拿出那么多的时间去工作，因为他要完成他的工作使命感。

在我们的生活中，有大部分的时间是和工作联系在一起的。所以有人说，不是工作需要我们，而是我们每一个人都需要工作。你对工作的态度决定了你对人生的态度，你在工作中的表现决定了你在人生中的表现，你在工作中的成就决定了你人生中的成就。所以，如果你不愿意拿自己的人生开玩笑，那就在工作中勇敢地负起责任。

我们既然已从事了一种职业，选择了一个岗位，就必须接受它的全部，就算是屈辱和责骂，那也是这项工作的一部分，而不仅仅是只享受工作给你带来的益处和快乐。

面对你的职业、你的工作岗位，请时刻记住，这就是你的工作，不要忘记你的使命和责任，工作呼唤使命，使命呼唤责任，工作就意味着责任。

能对手头的工作和自己的行为百分之百负责的员工，他更愿意花时间去研究各种机会和可能性，并且会比一般人更值得信赖，也因此能获得别人更多的尊敬，与此同时，他也获得了掌控自己命运的能力，这些将加倍补偿他为了承担百分之百责任而付出的额外努力、耐心和辛劳。

她是一名优秀的歌手，当年以一曲《士兵小唱》红遍大江南北，亮丽的形象、婉转的歌声，令人难忘；她还是一名出色的主持人，以庄重典雅、刚柔相济的主持风格被誉为“军中主持第一人”；她更是一名出色的军人，从一片废墟的灾区到条件恶劣的边防哨卡，只要战友和人民需要她，她都会用艺术的力量为大家送上精神的温暖。

她就是刘小娜。作为总政歌舞团的主持人，在自己的艺术生涯中不断求索、精益求精，收获累累硕果。她说，只要心中有强烈的责任感、坚定的信念，就能不畏一切艰险。

2012 年 1 月 14 日，作为“今日消费 · 风尚慈善 2012”慈善晚宴的特邀主持人，刘小娜来到了郑州。初见她，不由得惊艳，秀丽高挑、皮肤白皙，军装笔挺，整个人大气庄重，柔美中有刚毅。如果说女人如花，那刘小娜便如一株繁花满枝的树。

虽是著名主持人，但她态度却无比亲和，言语间有哈尔滨女人特有的爽朗。谈起工作，她神情认真而庄重：“要怀着神圣的使命感、带着强烈的责任感去完成工作。每个人都应该认真对待本职工作，有大家才有小家，祖国大家庭建设好了，我们的生活才会快乐安康。”

担任军中主持人 20 多年来，在不同时期的大灾难面前，刘小娜都和战友们出现在最前线，用她明朗的歌声、刚柔并济的主持风格抚慰着人们的心灵。“灾区太多危险，战友们看完这场，也许下一场就永远看不到了。”刘小娜说。多么脏、累、苦的环境，她都不在意，从早晨 5 点演出至次日凌晨是常有的事，无论是面对严寒酷暑、风雨交加，还是强烈的高原反应，她都没有一丝怨言。

身为主持人，在此次慈善晚宴的彩排、演出过程中，刘小娜不能有一刻放松，累了就跪在椅子上休息，为的是防止演出服出现褶皱。大家为她的敬业精神所感动，她却觉得没什么。“人是那么渺小，别太把自己当回事儿了。”她说，“是工作赋予了我们使命感，是使命感成就了我们的工作。我们的名气和荣誉，都是工作给的。除此以外，我们没有什么值得炫耀的。”

对于我们每一个人而言，工作便是一种使命。在自然界，任何一个物种的生存都是建立在辛勤劳作的基础上的，人类也不例外，人类需要通过劳动来获得生存的物质保障。

每一个行业都有它不同的行业的独特的使命感，你要找到你行业的使命感，当你在完成这种使命感的时候，你也在帮助别人，当你在帮助别人的时候，你也等于在帮助你自己。

有人讲过这样一句话，假如你能够帮助别人梦想成真，你自己就会心想事成。只要你帮的人越来越多，事实上你的财富也一定会越来越多。

美国最大的化妆品直销公司玫琳凯化妆品公司的创始人玫琳凯，就是一位自始至终都以丰富女性生活为使命的人。也正是她的使命感让她成就了一份美丽而伟大的事业。《福布斯》杂志就曾将她与美国石油大亨摩根、汽车大王福特、软件大王比尔·盖茨相提并论，称他们是200年来最具传奇色彩并获得巨大成功的人，她是其中唯一的女性。

1999年，她作为唯一的商界人士与科学家居里夫人及诺贝尔和平奖获得者特蕾莎修女一同被评为20世纪最有影响力的妇女。几十年来，玫琳凯已成为女性热情、优雅、美丽和成功的代名词。

玫琳凯的成功是与她内心深处那崇高的使命感分不开的。

1918年5月12日，玫琳凯出生在得克萨斯州霍特韦尔斯一个贫困的家庭。不久，全家就搬到了休斯敦。从6岁起，玫琳凯就不得不一边与母亲在外打工挣钱养家糊口，一边照顾她得了肺结核的父亲和自己的弟妹。所以，玫琳凯小小年纪就担起了家庭的重任，而这些苦难的经历也让她从小就坚强而自立，并且对家庭充满了使命感。

后来，玫琳凯在一家礼品公司一直干了30年，她在那里工作一直非常努力，每件事都做得非常棒。但是在她42岁那年，她本该晋升为主管，却被一位男士捷足先登。她的老板给她的回答是："玫琳凯，你是我们公司最优秀的员工，但是，你是一个女人！"

老板的话深深地刺痛了玫琳凯，她为自己作为一个女人的不公平待遇而悲哀，然而，这样的遭遇又何止她一个人在遭受，还有成千上万的女性在遭受和她一样的悲惨命运。一种想要改变女性命运的强烈的使命感，让玫琳凯拿出了她所有的积蓄35万美元开始了她的创业。

在强烈的使命感的驱使下，她坚强地战胜了一切困难，她的事业蒸蒸日上，并且最终成就了自己的一番事业，也让无数女性有了属于自己的一份事业，让无数女性在经济上获得了独立，同时也改变了无数女性的命运，而玫琳凯也最终完成了她的使命。

在取得成功后，玫琳凯仍旧每天坚持工作，并且是一如既往地努力着，用她自己的一句话来形容就是："社会需要的是有使命感的人，社会最终也会回报那些有使命感的人。只有使命感才能让一个人伟大！”

玫琳凯自始至终都将工作本身看成是一种神圣的使命，并一直将其贯彻到公司的文化理念中。正是这样一种使命感让她创造了一个又一个奇迹，同时也造就了无数生命个体的人生辉煌。

在工作中，引导一个人走向成功的磁石，就是由使命感而迸发出的真实、乐观和炽热的热情。具备了这三种品质，我们也就得到了全力以赴完成工作的无限力量。因此，今天无论你在什么领域、什么岗位工作，你都应该重视自己的工作并视为神圣的使命，如同有使命感的牧师将他的工作当成一种使命一样。

我们每个人都必须在工作中肩负起自己的使命，才能在自己的职责范围内完成自己的使命。工作是人的天职，是实现人生价值的方式，抱着神圣的使命感去工作，你必将走上成功之路。

4. 定期审视自己的工作，主动向自己“问责”

在工作上，我们只有定期审视自己、主动向自己“问责”，才能敢于否定自我、挑战自我，让自己不断进步。因为过去成功的方法并不一定是最好的，也不一定永远是对的。虽然否定和挑战自我是一件很痛苦的事情，它要求我们改变已经形成的理念和做事习惯，但我们必须定期这样去做，否则我们将丧失前进的可能，变得平庸、陷入困境，最后我们的工作就不会做好，而事业也会走到尽头。

任何一个人，要想让自己做好自己的工作或事业，就必须定期审视自己的工作，将自己的责任落实下去。问责是和责任密不可分的，它的逻辑基础就是有责任就必须要落实，只要是在责任落实范围内出现某种事故，就必须得有人来为此承担责任。

严格意义上的问责的前提是，要拥有清晰的权责、合理划分责任以及合理的进退制度。这就需要我们全面地对自己每天所做的每件事进行控制和清理，也就是“日事日毕，日清日高”。今天的工作必须今天完成，今天完成的事情必须比昨天有质的提高，而明天的目标必须比今天更高才行。

这种事事自己管、事事自己查的管理方法和责任，落实到自己身上才能够进行很好的自我监督，主动向自己“问责”。要做到这点，需要我们在实际工作中，要着重培养自我反省能力，要经常“扪心三问”：问职责何在、问有何作为、问需增何能，力争做到“尽心尽力而问心无愧，尽职尽责而问责无过”，朝着这个目标努力前进，为自己所在的公司或单位的发展做贡献。

一年前，杰克替一户人家割草赚钱。那户人家很欣赏他，在一年中为他涨了两次工资。杰克在高兴之余，觉得还需要做点什么。他想：“我虽然每天很踏实地工作，但是一定有做得不太好的地方。”他想来想去，也想不出自己“不好”在哪儿。

都说“旁观者清”，也许自己在工作中的不足，主人能看得到吧。“可是我要是问主人我不好在哪儿，主人一定为照顾我的自尊而不会说实话的。”杰克左思右想，决定让自己的好朋友里根给主人白瑞德打电话问问。

在里根打电话之前，杰克特意把需要问的话写在了纸上。让里根照着纸条念。

里根在电话上问白瑞德说：“您好，请问您需要割草吗？”

白瑞德回答说：“不需要了，我已经有了割草工人。”

里根说：“我会帮您拔掉草丛中的杂草。”

白瑞德回答：“我的割草工人已经做了。”

里根又说：“我会帮您把草与走道的四周割齐。”

白瑞德说：“我请的那人也已做了，谢谢你，我不需要新的割草工人了。”

里根只好说道：“我想，没有一个人能把工作做到完美无缺的。您能告诉我，您的割草工人在工作上有没有什么不周到的地方吗？”

白瑞德想了想，说道：“没有，他每天都能把他要做的工作做得非常令我满意，要是说有不周到的地方，我倒是觉得他应该在工作中途休息一下，我想这样他的工作效率会更高。别小看那短暂的休息，作用大着呢。因为有时候的‘休息’是为了更好地工作。”

里根听后便挂了电话。里根如实告诉了杰克白瑞德的原话后，问他：“你不是就在白瑞德那儿割草吗？为什么还要打这个电话？”

杰克听后说道：“我只是想知道我究竟做得好不好！嗯，看来我以后在工作中间应该休息一下，就像主人说的那样，别小看那片刻的休息，说不定我的工作质量会更好的。”

在工作中定期审视自己的工作，这就是向自己“问责”。我们只有在工作中做到这一点，才能够把工作做得更好，才能更好地体现自己在工作和生命中的价值。勇于向自己“问责”并承担责任，不但是一种良好人格的表现，而且是一种工作称职的表现。

作为一名员工，我们要意识到自己的责任范围有多大，并时刻审视自己的工作，主动向自己“问责”，相信你所在的部门会因为你这份责任感而变得更加辉煌和强大，而你的人生也会因此拥有更多的卓越和精彩。

深刻地剖析和定位自己，不但需要一种难能可贵的勇气，更需要一种走向成功的优秀品质。

一个人再优秀，他身上都有这样那样的缺点，定期审视自己的不足与进步，我们才能真正认识到自己的缺点并积极对待，然后有针对性地规划自己的工作，乱中取精，勤于总结，从而让自己更好地“进”。

在职场上，我们每个人都会在公司中扮演着不同的角色，每个角色又承担着不同的责任。从某种意义上说，责任是一种与生俱来的使命，我们对角色的最好诠释就是责任使命的出色完成。但是，事情往往不能让人事事如意，我们在工作中，难免要出现问题。其实，出了问题并不可怕，可怕的是，我们面对问题不是主动加以解决，而是千方百计地寻找借口，或是相互推诿。

一场众人期待的话剧演砸了，剧院经理非常生气，他把剧组的工作人员都叫来，以便弄清楚究竟哪些方面出了问题。经理首先问导演："说说你的看法。"

导演说了一大堆理由："编剧设计的台词过于拗口、服装师迟到十多分钟、灯光和美工没能按照要求工作、演员的表演还欠火候……"

经理听了之后说："那么作为该剧的导演，你的责任是什么呢？"

导演说："出现这样的问题与我完全无关……"

没等他说完，经理就说："那么从今以后这里再也没有你什么事了。"

当剧院经理又找到编剧时，编剧称当时剧本里的所有台词都是导演亲自敲定的。至于台词是否过于拗口，编剧表示他本人并不知情。

接着，服装师、灯光、美工和演员一一被剧院经理找来，他们同样有足够的理由证明自己的无辜。最后经理告诉他们此次事件必须要找出一个具体的人来负责时，他们找到了刚来到剧院不久的一名年轻的剧务。虽然经理也知道这位剧务来之前，这场话剧就已经开始排练了，但是年轻的剧务不但没有为自己辩白，反而歉意地对经理说："经理，我以前的确没有做过这方面的工作，不过您放心，现在大家帮我提出来了，我一定改掉这些缺点，以后我在工作中会更加认真的。"经理见他主动担起了责任，也就无法再追究下去。

在剧院经理的亲自督促下，这场话剧又一次上演了，此次演出轰动了全市。在经验交流会上，剧院经理要求大家选出一位表现最出色的工作人员上台领奖。此时大家争相抢夺这难得的机会，互不相让，只有年轻的剧务没有去争。最后经理提出由当初那位为演出失败承担责任的剧务上台领奖时，众人只能垂头丧气地散开了。

定期审视自己的工作，不但主动向自己"问责"，还要在问题出来时，勇于面对问题，这既是一种品质，又是一种责任。

上面的故事中，当话剧演砸时，不但没有人担责任，反而都找出了自己的种种理由来推卸责任。想想如果在公司或企业中，老板面对员工的这些借口，他还会再信任这些员工吗？

在企业中，每一个环节都会对企业的发展起着至关重要的作用。任何一位员工，如果在其位不谋其职，都会导致企业的整体运作产生问题。所以，老板要求每一位员工都能在其位谋其职，负起自己的责任，保证企业中的每一个环节都能正常运作。

想把工作做好，我们必须定期认真审视自己，来消除自己的弱点。比如，当我们在工作中遇到困难而解决不了时，或是在一段时期内工作没有进步时，不要怨天尤人，而是要问问自己：我怎样能把问题处理得更好？通过不断地“问责”，就一定会发现自己的“不足”。

在我们的职业生涯中或是在工作中的各个阶段，我们都要不时地审视自己及周围的工作环境，并定期分析和调整自己所追求的目标及价值，这一行为会让你从自己的实际出发，在把握好社会和企业需要的前提下，充分认识自身的状况，给自己一个比较准确的定位。然后通过发挥自己的长处和优势，通过阶段性目标的不断完成，达到自己最终的理想目标。让你凭借着扎实的工作，在公司提供的大舞台上尽情展示自己的才能，实现自己的人生价值。

5. 对工作履行责任，在细节中追求完美

我们在工作中有多大的工作能力，关键就在于我们有没有对工作履行自己的责任，在工作细节中有没有追求完美。

一个能对工作履行责任，在工作细节中追求完美的人，不但会让他享受工作的乐趣，还会让他在工作中收获意想不到的成功。

工作好比一件艺术品，需要我们对工作精雕细刻，使每一次工作都能经得起人们细心地观赏和品味。注重细节，追求完美，这正是我们在工作中的工作态度体现。要对每一项工作都进行细致的安排，力争把每一项工作都做成精品。

在工作中，我们应该把做好工作当成义不容辞的责任，而非负担，要认真对待、注重细节，不能有半点马虎及虚假；做工作的意义在于把事情做得完美，而不是做五成、六成就可以了，应该以更高的、大家认同和满意的标准来严格要求自己。

在工作中看不到细节，或者不把细节当回事的人，对工作缺乏认真的态度，对事情只能是敷衍了事。这种人无法把工作当作一种乐趣，而只是当作一种不得不做的苦役，因而在工作中缺乏工作热情。他们永远只能做别人分配给他们做的工作，即便这样也不能把事情做好。而考虑到细节、注重细节的人，不仅认真对待工作，将小事做细，而且注重在细节中寻找机会，从而使自己走上成功之路。

"无限的爱"日用品和化妆品连锁超市 DM 在德国遍地皆是。这家企业的老板名叫格茨·维尔纳，现已拥有 1370 家连锁店、两万名员工，2002 年的销售额高达 26 亿欧元。维尔纳也是同行业中最富有的，2003 年年初时他的个人财产已达到 9.5 亿欧元。

30 年前，格茨·维尔纳白手起家创建了 DM 连锁店。他有自己的一套注重细节的经营理念，有时还会因为注重细节做出一些特别"古怪"的事情。

有一次，维尔纳走进一家 DM 分店时，他要求分店经理拿扫帚来。这家分店的经理把扫帚递给维尔纳，非常疑惑地说："维尔纳先生，我不明白您要它做什么？"

维尔纳指着地下的灯光说："您看，灯光的亮点聚在地上，什么作用也没有。"于是，维尔纳用扫帚柄拨了一下上面的灯，让灯光照在货架上。

"把灯光照在正确的位置上。"维尔纳先生给他的员工做出了表率。这让他的员工很受启发,也让他的员工深刻地体会到了工作中无小事这个道理。

对于我们来说,在工作细节中追求完美是专业,注重细节就是工作态度。在工作中,无论大事小事忽略了细节,都会给工作造成不同程度的影响或损失。只有严谨的工作态度才是做好细节的前提条件。所谓严谨,就是认真到近乎苛刻。

细节是专业,注重细节是工作态度。所以美国成功学大师戴尔·卡耐基说:"一个不注意小事情的人,永远不会成就大事业。"

古人云:"千里之堤,毁于蚁穴",就是强调伟大的事业不要忽视微小的细节。每一个细节便成了决定任务最终完成质量的关键。正所谓,大风大浪都闯过来了,却在阴沟里翻了船。

乌鲁木齐有一家对外出口贸易公司,公司几经周折,终于拿到手了一个梦寐以求的大订单,在时间紧、任务重的情况下,全体员工加班加点,终于在规定的时间内完成订单的任务。

完成任务后,就在大家刚要松一口气时,就接到了对方打来的一个电话,对方气急败坏地对他们的工作责备不休。

原来,对方刚刚收到商品,虽然这些产品的质量并没有问题,但是在包装上却出了问题。对方厂址本来是"乌鲁木齐某厂",由于这家公司接到订单后,几乎所有人都把重点放在了赶制产品上,并没有仔细审查外包装,结果"乌鲁木齐"被印成了"乌鲁术齐",虽然只有这一点没有到位,也严重影响了整个厂的声誉。

由此可见,工作细节上的小事儿往往关系着整个计划的成败。有时候追求完美并不困难,甚至非常简单,就像大声说话一样,只要细节做到位,成功的机会就会降临到你面前。著名演员张丰毅的成功,便是得益于对这些小细节的重视。

张丰毅凭借着自己塑造的一个又一个典型人物形象,摘取了演艺生涯的许多大奖，但是在获得的这些奖项中，最让他满意的却是获得的第二十届中国戏剧梅花奖。这个奖项是他凭借话剧《这里的黎明静悄悄》扮演的男教官瓦斯科夫一角色而摘得的。这是他从影20年来首次演话剧，初涉话剧，便得到了这样一个在中国戏剧界最高的荣誉。然而，只有他自己知道，这份荣誉是如此来之不易。

话剧《这里的黎明静悄悄》，是根据苏联作家瓦希耶夫的同名小说改编而成，这部小说的电影版曾经给无数中年的中国观众留下了深刻的印象，而这部话剧的导演查明哲，试图通过这部小说的话剧版呈现给大家的是俄罗斯民族所特有的浪漫主义和英雄主义。

在挑选出演男主角瓦斯科夫的人选时，导演考虑的首要因素就是演员在性格上与俄罗斯汉子是否接近，这使他突然想到了性格有点倔的张丰毅，他深信张丰毅身上的这种气质能够与整个剧情融为一体，还有一点就是张丰毅身上所特有的幽默和朴实，正是其他话剧演员所不具备的。

然而令查明哲料想不到的是，在银幕上像头牛的张丰毅在现实生活中却是一个如温开水般的男人。他在演男教官瓦斯科夫的时候，说台词的速度竟然和他在演电影的时候一样快，这不得不使导演对张丰毅能否成功地塑造这一话剧角色，产生了很大的怀疑。

考虑再三后，他还是决定冒险一试。他认为要想改变张丰毅的现状，一个很重要的前提就是帮他树立起他在话剧舞台上的自信，而要想建立这样的自信，一个既简单又快速可行的办法就是让他在舞台上大声地说话。

刚开始张丰毅听到导演提出这样的要求后，很困惑，他心想："我不是在大声地说话吗？"但是随着排练时间的增多，他逐渐明白了导演提出这种要求的合理性。由于话剧表演不同于拍影视剧，由于舞台的局限性，话剧的布景非常单一，演出环境不可能有太大的变化，因此话剧里面的人物在演绎自己的角色时，很大一部分就是靠大声说话来实现的。

在了解了话剧表演与影视剧表演的这一根本区别后，张丰毅在排练的过程中，便时时提醒自己要大声说话，而且还要让自己的声音注满感情。他在舞台上有时甚至到了一种声嘶力竭的程度，他的很多朋友都担心他会因此把嗓子喊坏了，但他还是信心十足地说："没事，我的嗓子好得很，一点问题都没有。"

功夫不负有心人，靠着"大声说话"这一小细节，张丰毅终于把一个活生生的瓦斯科夫呈现给了观众，他的表演充满了活力和激情，感染了现场观众，同时大声说话也给他自身注入了活力。

正是对小细节的看重，让张丰毅在演艺生涯中迈上了一个新台阶，他的成功经验也告诉我们：成大事者必关注细节。看似不起眼的细节，如果你不注意它，它就会溜出来使你的工作陷入困境。在工作中，我们不但要把握好方向，更要多多关注细节，把工作做完善、做彻底。

欧洲有句谚语："魔鬼存在于细节之中。"我们如果在工作中不能及时关注细节，那么魔鬼就会隐蔽其中，在关键时刻会乘虚而入。这是因为：

1. 细节失误，会导致整体失败。细节与整体密不可分，细节照顾不好，整体就一定会不好，如果适逢这个细节是整体的决定因素，那将会直接导致整体成败。有时，在工作中就是员工的一个电话、一份文件甚至一句话、一个标点符号没有处理好，直接导致不可收拾的局面。比如，签合同时，一个小数点上的失误，就足以使一家企业倒闭。随着社会分工的细化，技术要求的提高，细节的重要性也愈加凸显。每一个庞大的系统都是由无数个细节结合起来的统一体，忽视任何一个细节，都很可能带来意想不到的灾难。世界上许多大企业的倒闭都和这些小事件直接相关。

2. 细节失误，会引起连锁反应。细节做不好，累积起来就是大的失误。虽然没有事情能够达到真正的完美，但也应该做到尽善尽美，不要让一些小细节影响到整体。美国质量管理专家菲利普说，"一个由数以百万计的人的行为所构成的公司，经不起其中1%甚至是1%的行为偏离正轨"。

3. 细节失误，会使你由优秀沦为不及格。在工作中，任何细节都事关大局，牵一发而动全身，每一件细小的事情都会通过放大效应而凸显其在整体中的分量。

6．找准自己在工作中的位置，肩负起工作的重任

在平时的工作中，我们每个人不但要珍惜自己的工作机遇，而且还要找准自己的位置，承担起属于自己的责任，只有这样，才能让自己的价值在工作中得以实现，从而得到上司的赏识与重用。

当我们走上职场，走上公司指派给我们的岗位时，我们首先要做的就是在工作中找准自己的位置，然后毫不犹豫地“担当”起工作的重任。“担当”意味着责任和压力，因为从领导把部分工作重任交给我们的那一刻起，我们就清楚地意识到身上所肩负的责任。自己担负的工作任务不可以期盼与别人分担，自己的责任一定要自己负。所以，我们在工作中遇到困难甚至巨大压力时，都要坚持不懈地努力寻找解决的方法，直至成功。

在工作上，放弃自己的责任和义务是可耻和罪恶的，无论是把事情推给别人，还是归咎于环境，自己的责任都仍然存在而无法消失。

我们只有在工作中找准自己的位置，才会拂去心灵的浮躁，让自己脚踏实地，一步一个脚印地往前走，让汗水将理想的花朵浇灌得无比绚丽。

身为公司的一员，每一个员工都必须按照公司的要求，正确进行自我定位，找准自己的位置，扮演好自己的角色，以满足公司和领导的期望。

1933 年 7 月，松下幸之助决定投资开发小马达。之所以要开发小马达，是因为松下幸之助发现家用电器中，使用小马达做驱动的电器越来越多。松下幸之助相信家用电器中大量使用小马达的时代即将到来，于是，松下幸之助就委任一个非常优秀的研发人员中尾来担任新产品研发部部长。

中尾接到任务后，带着买来的由通用电器生产的小马达，入迷地进行拆卸与研究。

有一天，松下幸之助正好经过中尾的实验室，在看到中尾如此认真地工作后，松下没有表扬他，反而狠狠地批评了他："你是我最器重的人才，可是你的管理才能我实在不敢恭维。现在公司的规模已经相当大了，研究项目也日益增多，你即使一天干24个小时，也完不成那么多工作。而作为研究部长，你的主要职责就是制造10个，甚至100个像你这样擅长研究的人，而不是你一个人去研究。"

在松下幸之助看来，每个人都应找准自己的位置，都有自己的岗位职责，中层领导应当做中层领导的事，而不是身为领导却去做技术人员的活。也许中尾可以把电动机研究出来，但是如果只靠中尾一个人去研究的话，松下就永远成不了大公司。

我们无论担任何种职务，从事什么样的工作，都要负起相应的责任，只有履行了自己的岗位职责，才能把属于自己的工作做到位。然而，工作中很多人却不能清醒地认识到自己的责任范围，这是极不利于个人和企业发展的。

要想在工作中找到自己的位置，我们必须不断完善自己，去发展自己热爱的工作、事业，去拼搏努力打造自己辉煌的人生。也只有这样我们才能找到自己的位置，才能让自己赢在职场，才能让自己过有意义的人生。

弗兰克最初是电视台的记者，十多年过去了，他一直没有得到发展的机会，职位和薪水一直很低。弗兰克认为公司没有给他一个公平的待遇，于是，生气的弗兰克经过一番考虑后，想提出辞职申请离开这家公司。在做出最后决定之前，他向他的一位好友征求意见。

那位朋友对他说："你思考过为什么公司没有给你加薪吗？你尝试过去了解你的工作、喜爱你的工作吗？你知道你自己的工作职责是什么吗？你觉得你把自己分内的工作做好了吗？我想，当你真正做好了自己的职责并努力过了，如果仍然没有得到改善的话，到那时候再考虑辞职也不晚。"

弗兰克听从了朋友的建议，他重新审视了他过去的工作经历，发现自己在工作中有很多地方做得不到位。比如，自己身为记者，总是不愿意去采访一些小新闻，当上级派下任务时，自己不是努力去完成，而是挑三拣四。到最后自己总是怀着不满的情绪去工作，这样如何能做好工作呢？

在了解到自己的工作性质后，他终于找准了自己在工作中的位置，并且他对自己的工作做了规划，就是只要是在自己职责范围内的工作，就一定要肩负起工作的重任。自从那以后，弗兰克的工作热情高了，身为记者，再小的新闻也会认真去做，并主动担负起工作责任。于是不知不觉中，他对公司的不平、不满的情绪消失了，同时他越来越爱自己的工作。不仅如此，数年后，弗兰克在公司内得到的评价是——“擅长建立人际关系的弗兰克”。

很快，弗兰克不但获得了提升，他本人也成了美国著名的节目主持人。

弗兰克的经历告诉我们，在工作中，每个人都要找准自己的位置，承担属于自己的责任，这样才能得到上司的赏识和重用。

记者的职责就是把新闻工作做好。即使再小的新闻，但是作为记者，上级派你去时就不是小事，而是作为记者的你的工作职责。后来弗兰克之所以能在工作上获得那么高的成绩，很显然，是因为他在工作中找准了自己的位置，并且承担了作为记者的职责。

找准自己的位置，即使你是一棵默默无闻的小草，也会撑起一片迷人的风景。身在职场，我们作为公司的员工，无论自己从事的工作多么平凡，无论自己的职位多么低，也不管活有多么烦琐或琐碎，你把工作做好的关键就是要找准自己的位置，言行应与自己的位置相符，把属于自己的工作做到位。这样才能让自己的价值得到淋漓尽致的发挥。

在工作中找准自己的位置，我们才会在工作遇到问题时，咬牙去坚持；当我们担负起工作责任时，身上时刻散发着勇士的胆魂和勇气，这种胆魂和勇气会推动我们向前冲、敢碰硬。这时你会发现，工作中的任何困难都会被战胜。而当我们战胜困难时，就会产生一种成就感，心境会十分舒坦，并升华为一种幸福感、轻松感，给我们带来一份好心境，提高一个人的自信心，使人越战越勇。这些就是担负责任的作用。

只有在工作中找准自己的位置，肩负起工作的重任，才会让我们面对工作中的任务困难时不会轻言放弃，最终让自己走向成功。因此，无论什么时候，我们都要坚守自己的诺言：在工作中找准自己的位置，做一个勇于承担、敢于担责的人。

我们每个人都希望在自己的一生中，活出自己存在的意义，不白走一遭，不白活一回，这不是什么奢求，而是必然又必要的选择。我们只有在工作中找到自己的位置，才能一步步地接近工作目标，接近成功。也只有找到自己的位置，确定了自己的人生坐标，才能把握人生前进的方向。

第六章

敬业精神，珍惜工作必须对工作爱岗敬业

敬业精神是一种基于挚爱基础上的对工作全身心忘我投入的精神境界，其本质就是奉献的精神。具体地说，敬业精神就是在职业活动领域，树立主人翁责任感、事业心，追求崇高的职业理想；培养认真踏实、恪尽职守、精益求精的工作态度；力求干一行、爱一行、专一行，努力成为本行业的行家里手；具有积极向上的劳动态度和艰苦奋斗精神；保持高昂的工作热情和务实苦干精神。一个人只有珍惜自己的工作，才会拥有这种敬业精神，让自己在工作中做到爱岗敬业，并且对自己的岗位职责负责到底。

1. 敬业精神是把工作做好的前提

敬业精神是我们每个人做好本职工作的重要前提和可靠保障。是敬业精神，让我们在工作中以明确的目标选择、朴素的价值观、忘我投入的志趣、认真负责的态度，从事自己的主导活动；是敬业精神，让我们对自己所从事的工作有一种敬仰心态；是敬业精神，让我们对自己提出比别人更高的标准，来专心致力于工作，千方百计地把工作做好，让我们工作起来会有一股使不完的劲，并把工作做到合乎自我要求、尽善尽美的程度的一种追求；是敬业精神，让我们尊敬并重视自己的职业，把工作当成自己的事来做，并对此付出全身心的努力。可以说，敬业精神是一种职业态度，也是职业道德的崇高表现。

敬业所表现出来的就是要认真负责，认真做事，一丝不苟，有始有终。在工作中，我们只有具备了敬业精神，才会对本职工作有一个交代，才会对待工作有使命感和道德感。当自己在细微的工作中敬业地工作时，做起事情来才会积极主动，并且从中体会到乐趣，从而让自己在工作中获得更多的经验和成功，真正体现我们的自身价值。

一个人只有具备敬业精神，才会认真看待和把握所从事的工作，即起点敬业；让自己在实际工作中尽职尽责，即过程敬业；更重要的还要按职业责任有效完成工作，即结果敬业。

如果一个人没有敬业精神，整天浑浑噩噩，做一天和尚撞一天钟，那么什么事情也干不好。敬业就是要具有强烈的主人翁意识和工作责任感，就是要具有甘于吃苦、乐于奉献、勇于牺牲的精神境界。敬业是一种觉悟、一种精神、一种高尚的品德；敬业还是一种实实在在的工作行为，它体现在每一项具体工作之中，其内涵是丰富的，它表达的是对自己所从事的职业怀着一份热爱、珍惜和敬重，不惜为此付出和奉献，从而获得一种荣誉感和成就感。

一个人有敬业精神的人，会更珍惜、热爱自己所从事的本职工作，甚至会把自己从事的工作当作一项事业来对待，在工作中无怨无悔，精益求精，积极主动，雷厉风行。用宋朝朱熹的话说，敬业就是“专心致志以事其业”，即用一种恭敬严肃的态度对待自己的工作，认真负责，一心一意，任劳任怨。敬业精神是做好工作的精神动力。

美国的弗雷德虽然只是一名普通的邮差，但他敬业工作的事迹却闻名世界。

弗雷德负责为小区的住户收、送邮件。有一次，他听说小区内有一位叫桑布恩先生的职业演说家。这位桑先生一年中有160天到200天在外出差，于是他见到桑先生后，就向他索要一份全年行程表。

桑先生听了他的话觉得很奇怪，问道：“您要这个有什么用?”

他回说：“以便您不在家时，我暂时代为保管您的信件，等您回来再送给您。”

这让桑先生很吃惊，因为他从未碰到过这样的邮差。桑先生有点歉意地回答道：“没必要这么麻烦吧，您把信放进信箱就好了，我回来再取也是一样的。”

弗雷德解释说：“现在有些窃贼经常会窥探住户的邮箱，如果发现是满的，就表明主人不在家，那住户的家就可能要遭遇窃贼了。”弗雷德想了想，又接着说：“这样吧，只要邮箱的盖子还能盖上，我就把信放到里面。塞不进邮箱的邮件，则搁在房门和屏栅门之间。如果那里也放满了，我把其他的信留着，等您回来。”

桑先生听后，高兴地答应了，同时为弗雷德对工作如此敬业而感叹不止。

弗雷德身上体现的是真正的敬业精神。他对工作的敬业程度告诉我们，一个人要在工作上做到真正的敬业，就要做到“以此为生，精于此道”。

工作虽然不是我们生活的全部，但它是一个人全部生命的支柱。所以，做好工作是支撑人生大厦的关键，是发挥人生价值的有效路径。而做好工作的基础则是要有敬业精神。

美国学者罗宾斯认为：敬业，就是尊敬、尊崇自己的职业。一个人如果以一种尊敬、虔诚的心灵对待自己的职业，甚至对职业有一种敬畏的态度，他就已经具有敬业精神。

敬业首先要精业，这是敬业的基础。这需要我们精通和掌握专业知识，这样才能履行好工作职责。精业才能敬业，只有做到干一行，爱一行，钻一行，不断地加强业务专业知识学习，才能有“干必成、成必优”的工作效果。

敬业还要热爱、珍惜本职工作，对自己从事的工作充满热情，这是敬业的前提。一个人不热爱、不珍惜自己的本职工作，就不可能全身心地投入工作中去。没有工作没有热情，就会对自己的工作处之泰然。所以，对工作有热情，才能激发自己的潜能，驱使自己兢兢业业地去完成各项工作任务。敬业还要尽心尽力、积极主动做好本职工作，这是敬业的保证。

对于我们每一个人来说，工作是我们人生中最重要的部分，作为公司的一名员工，我们怎样在平凡的工作中实现人生的价值，方法只有一个，那就是不论何时何地，都要尽心尽力、全力以赴地做好我们应该做的事情。

敬业还要追求完美，这是敬业的关键。追求完美，就是要做好工作中的每一件点滴之事。在工作上严谨细致，执着认真，一丝不苟，精益求精。

1981 年，加德纳为了争取一份在迪恩·维特·雷诺兹证券经纪行里的实习机会，他跟两岁大的儿子已经有一年的时间都是处于无家可归的状态了。

那时，曾经有一段时间，加德纳和他儿子每晚就在加州奥克兰市的地铁厕所中躲避风雨。而他办公室的人却对此都毫不知情。最终，加德纳成了一名证券经纪人。

两年后，他到贝尔斯登就职，他对工作的敬业精神，令同事惊叹。仅在半年时间里，他就成为公司业绩最好的员工。

1987年，为了和家人团聚，加德纳在芝加哥成立了自己的加德纳·里奇证券经纪公司。现在的加德纳已经成了一名千万富翁、鼓动人心的演说家、慈善家和跨国商人。他发起了一只私募基金，专门投资南非市场。这只基金的合作伙伴就是纳尔逊·曼德拉。

“是哪一样东西改变了你的人生呢？”《商业周刊》的记者采访他时问道。

结果他告诉记者，是对工作的敬业精神改变了他的人生。他说：“你得对自己的工作敬业，只有具备敬业的精神，你才会对自己的工作爱得发狂；只有爱工作，才能对工作有奉献精神，因为奉献是敬业工作的根本。”

加德纳对我们提出的忠告是：要想成功，就得对工作具有敬业精神，只有敬业，你才愿意奉献。如果对工作没有奉献精神，敬业就成了空谈。由此可见，做好工作就要有敬业精神，这样才能让自己热爱自己的职业并且做好它。

其实事业上取得成功的人，都是具有敬业精神的，因为敬业而不顾一切地去奉献，这也是他们成功的内在动力。因此还在用力攀登的我们，更要对自己的工作拥有敬业精神，这样才能够努力奋斗，不断向自己的理想靠近。

对于敬业者来说，工作中的任何事都无小事，简单不等于容易。其实，正道不是高不可攀或高深莫测的理论，它隐藏在我们日常的工作琐事及生活细节中，只要用心去从事，认真去体验，随手可得，处处可见。

任何工作，都需要我们拥有敬业精神。在工作中，我们也只有具备了敬业精神，才会用心把事情做好。所以，有人说，一个人在工作中到底有没有敬业精神，这就要看他对工作的忠诚度了，因为忠诚是敬业的体现，而敬业是把工作做好的前提。

2.

珍惜工作，把敬业工作当成一种习惯

我们要珍惜工作，就得把敬业工作当成一种习惯。朱熹说："敬业者，专心致志以事其业也。"对工作敬业就得常怀敬畏之心，守其德、精其术、穷其力、乐其业，干一行、爱一行、钻一行、精一行，尽心竭力、全身心地投入。

把敬业当成习惯，需要我们守其德。德就是职业道德。职业道德素质既是一个人整体道德品质的重要组成部分，同时也反映着一个人的整体道德水平。具有优良职业道德的员工在赢得上司信赖的同时，往往也能赢得同事的信赖和尊重，因为良好的职业道德是人格魅力的具体体现。

把敬业当成习惯，需要我们精其术。古人说过"闻道有先后，术业有专攻"。精其术要求不拘泥于以往的经验，不照搬别人的做法，不必做得最好，力求做得更好，成为本行业的行家里手。

把敬业当成习惯，还需要我们穷其力。对待事业要具有愚公移山的意志，有老黄牛吃苦耐劳的精神，着眼于大局，立足于小事，努力在平凡的岗位上做出不平凡的业绩；把敬业当成习惯，会让你在工作中变"要我干"为"我要干"、变"被动"为"主动"、变"敷衍了事"为"严格要求"。只有这样，我们才能把平凡的工作岗位当成不平凡的事业，把小事当成大任务来完成。

把敬业当成习惯，更需要我们乐其业。乐业是一种美德，对工作有热情、激情，始终保持良好的精神状态，把承受挫折、克服困难当作对自己人生的挑战和考验，在克服困难、解决问题中提升能力和水平，在履行职责中实现自身的价值，在对事业的执着追求中享受工作带来的愉悦和乐趣。

每个人刚参加工作的时候，应该都曾是一样的满腔热情、立志成才，而忙碌的岁月或成为成功的阶梯，或成为庸碌的借口，也为不同的人带来不同的人生注解和际遇。在我们每个人的身边，只要留心，都能经常看到敬业到位和敬业不到位的人，以及他们在职场上的不同命运。

刘灵是公司的业务员，她很喜欢自己的工作，别看她参加工作已经三年了，她对工作的热情丝毫没减。

半年来，由于公司生意受挫，为了缩减支出，公司要进行裁员，裁员名单里有业务部的康杰和刘灵，公司规定他们一个月后离岗。

康杰听到这个坏消息后，立刻回到办公室就拿杯子、文件夹撒气，工作也不再上心了，而且还经常迟到、早退。他想，反正就要离开公司了，干得好不好都是一个样。

刘灵在接到裁员通知的那一刻，内心深处好似被铁锤猛击了一下，整个人呆住了，她不敢相信，自己以后要是不干这份工作，该怎么办？她在公司的洗手间里躲了半天，她的情绪才慢慢平静下来。

在公司的这几年，刘灵一直踏踏实实、勤勤恳恳，本职工作做得非常好，同事们也很喜欢这个手脚勤快、笑容甜甜的女孩子。

刘灵控制住自己悲伤的情绪，又回到办公室。说也奇怪，一面对工作时，刘灵就会忘记所有的一切，全身心地投入工作中去。后来，刘灵才明白，原来是自己养成的对工作敬业的习惯，让她一面对工作就会不由自主地投入进去。

接下来的日子，刘灵依然笑容甜甜，同事们的眼神中却多了几分同情，语气中也多了几分客气。本来该刘灵做的事情，总有人主动揽过去，不用说，大家有点可怜倒霉的刘灵。

一大早，有人在复印厚厚的一本技术资料。“还是我来吧。”刘灵走到复印机前，拿起厚厚一沓资料。同事转过身，看到的是一张平静而诚恳的面容。同事犹豫了一下，离开了复印机。

每天，刘灵仍像往常一样，有条不紊地忙碌着，打印资料、翻译文件、收发传真、转接电话……

一个月很快过去了。这天是刘灵离开公司的日子，康杰早就下班回家了，只有她，仍然忙着自己没有忙完的工作。当她把一天的工作忙完后，才依依不舍地准备回家。这时，部门经理进来，对她说："公司临时决定，让你留下来。"

看到刘灵疑惑的样子。经理解释说："王总说了，这里的工作再没有第二个人能比你胜任了。"说到这里他笑了："王总还说，其实是你对工作的敬业精神，让他做出了这个决定。"

养成对工作敬业的习惯，最大的受益者其实是我们自己。因为一种对事业高度的责任感和忠诚感一旦养成之后，不但会让你对工作的专心致志不受外界的影响，还可以让你成为一个值得信赖的人、可以被委以重任的人，这种人永远不会失业。

敬业习惯来自于珍惜。当我们珍惜自己的工作时，敬业就会成为一种习惯。这种习惯会让我们像刘灵一样，不管工作发生什么变故，只要自己一进入公司，一面对工作时，头脑里就只有工作。

我们生命中的三分之一都是在工作中度过的。所以，在工作的过程中，不可避免地会遇到各种各样的困难。而要战胜困难，就必须要有敬业精神。敬业精神是强者之所以成为强者的一个重要方面，也是由弱者到强者应该具备的职业素质。如果你在工作上敬业，并且把敬业变成一种习惯，你会一辈子从中受益。

把敬业当成习惯，你会敬重并重视自己的职业，把工作当成自己的事业，并对此付出全身心的努力，抱着认真负责、一丝不苟的工作态度，即使付出更多的代价也心甘情愿，并且能够克服各种困难，做到善始善终、尽善尽美。

对工作敬业不仅仅是为了对老板有个交代，更重要的一点，它是一种使命，是每一个人都应具备的职业道德。

从古至今，职业道德一直是人类工作的行为准则，在今天，职业道德已成为成就事业不可或缺的重要条件。但是，总有一些人爱在工作中偷懒，不负责任，凡事应付了事。这样的员工，头脑里根本没有"敬业"这个概念，更不会把敬业看作一种神圣的使命，最终因工作的失误葬送了前程。

当敬业精神深植于人们脑海中时，做起事来才会积极主动，并从中体会到快乐，从而获得更多的经验和成就。

阿尔伯特·哈伯德说："一个人即使没有一流的能力，但只要你拥有敬业的精神同样会获得人们的尊重。如果你的能力无人能比，但没有基本的职业道德，一定会遭到社会的遗弃。"这句话让我们明白，无论我们从事什么行业，能力并不重要，只要自己全心全意、尽职尽责地工作，就能在自己的领域里出类拔萃，这也是敬业精神的直接表现。

我们之所以要敬业，原因主要有两个：一是为了提高自己的工作能力，放眼于未来的发展；二是为了把工作干得更好，对公司和老板负责，得到老板的青睐。

郑秋大学毕业后被分配到一个研究所，这个研究所里的大部分人都具备硕士和博士学位，郑林感到压力很大。

工作一段时间后，郑秋却发现所里大部分同事并不敬业，对本职工作不认真，他们上班不是玩，就是搞自己的"第三产业"，把在所里上班当成混日子。

郑秋并未受到他们影响，而是反其道而行之，他一头扎进工作中，从早到晚埋头苦干业务，还经常加班加点。郑秋的业务水平提高很快，不久就成了所里的"顶梁柱"，并逐渐受到所长的重用。时间一长，更让所长感到离开郑林就好像失去了左膀右臂。不久，郑秋便被提升为副所长，老所长年事已高，所长的位置也在等着郑林。

这就是敬业工作带给我们的好处。在这个浮躁的职场，你如果具有强烈的实干敬业精神，你自然能得到重视、受到重用、得到提拔。

其实，我们每个人能力的大小，知识只占了20%，技能占了40%，态度也占到40%，而一个人最重要的工作态度之一就是敬业。

把敬业当成一种习惯之后，或许不能为你立即带来可观的收入，但可以肯定的是，如果你养成"不敬业"的职场不良习惯，你的成就就会相当有限。因为你的那种懒散、马虎、不负责任的工作态度已深入你的意识与潜意识中，如果做任何事都有"只要随便做一做就可以了"的直接反应，其结果可想而知。如果一个人到了中年还是如此，很容易就此平庸度过一生，当然更说不上由弱变强、改变一生的命运了。既然我们必须工作而生存，那就让我们以敬业的精神，主动积极地创造天堂生活吧。

每一个职场中人，都应该磨炼和培养自己的敬业精神，因为无论你将来在什么岗位，做什么工作，敬业精神都是你走向成功的最宝贵的财富。除此以外，敬业工作还会让我们得到以下两种好处：

1. 敬业的人容易受人尊重。就算你的工作业绩不怎么突出，但别人也不会去挑你的毛病，甚至还会把你的敬业精神当成美德，并且会受到你的影响。

2. 敬业的人容易得到提拔。任何老板都喜欢敬业的员工，因为你的敬业可以减轻老板的工作压力，你敬业，老板就会对你放心，自然会将你视为“骨干”和“中坚”，从而委以重任。

3.

敬业的过程就是实现自我的过程

对于我们每个人来说，工作的过程就是创造财富的过程，也就是实现人生价值的过程。而敬业工作的过程就是实现自我的过程，所以，我们只有敬业工作，才能实现自身价值、追求幸福。

对工作敬业、热爱自己的工作岗位、敬重自己所从事的职业、在工作中勤奋努力以及尽职尽责的道德操守。这些都是我们从业者职业道德的最基本的要求。它不仅是社会对每个从业者的要求，更应当是每个从业者对自己的自觉约束。

工作不仅是我们谋生的手段，也是我们完成自身社会化的重要条件，是实现自我、成就事业的重要舞台。我们既要爱工作，更要敬业地工作。所以，当我们有了工作岗位后，不但热爱还要珍惜岗位，更要在岗位上敬业工作。只有敬业，才能创造财富，才能铸就辉煌。

在现代社会中，“敬业爱岗”已是许多的企业文化所体现的最基本精神。公司或是企业除了要求身为员工的我们敬业爱岗的精神外，还要求我们敬业。工作中的敬业，就是要求我们热爱自己所从事的本职工作，就是要我们具有强烈的主人翁意识和工作责任感，就是要我们具有甘于吃苦、乐于奉献、勇于牺牲的精神境界。它是一种觉悟、一种精神，一种实实在在的工作行为，而不是呼喊的一种口号，它体现在每一项具体工作之中。因此，一个人不热爱、不喜欢自己的本职工作，就不可能全身心地投入工作中，珍惜自己的工作岗位也就成了空话，只有具有了敬业精神，才能精业，才能做好“分内应做的事”。

琳达新闻系毕业后，进入了向往已久的一家报社当记者。可是在这里，她并没有受到记者的待遇。社长没有指派她去担任采访等工作，而是每天做一些整理别人的采访录音之类的小事情。在她看来，这样未免有点大材小用了。

渐渐地，她开始反感这种无聊的工作，甚至萌生辞职的念头。在这种情况下，她的工作做得非常糟糕，为此，领导曾经多次批评她。

琳达感到十分委屈，决定辞职，在辞职前，她事先找到大学的老师，让老师帮她拿个主意。老师给她的建议是这样的：“你是幸运的，因为你一毕业就找到了对口的工作，而且你正在接近你最喜欢的工作。喜欢自己的工作，就得对工作敬业。当你对工作敬业时，你会发现，工作无小事。敬业会让你改变对工作的态度，想尽一切办法把工作做好。你可以试着学习如何速听速记录音带，试着成为快速记录的高手，将来一定会派上用场的。因为听记一个小时的录音带，往往要耗掉三至五倍的时间，但如果精通速记的话，就只要花费和录音带相同的时间就可以完成了，不但合理也省时。”

琳达听后，觉得老师讲得很有道理，就决定试着去做。于是，她在以后的工作上认真对待领导分配的每一项工作，尽自己最大的努力把工作做好。有时，为了把领导分下来的工作做到位，她还在每个周末去文化学院学习速记。当她精通了速记后，就能够自如地进行录音带的速记工作。

就这样，琳达每做好一项工作，都会有一种成就感。这些成就感除了有领导的认可和表扬外，还有一种自己的价值得以体现的喜悦。一段时间后，她因为工作出色，被领导安排到外面去采访重要的新闻。

6年以后，琳达以“录音带速记高手”的身份闻名业界。她终于以敬业的工作，让自身的价值得到更大的体现。

敬业是一种工作态度的表现，精业是一种工作目标的追求手段。敬业是精业的先决条件，精业是敬业的最高目标。只有敬业的人才会精业，只有精业的人才会乐业。乐业是一种境界，任何工作，无论性质如何，都有理想、境界与更高的质量可以追寻；而工作的意义和价值，不在其高低贵贱如何，却在于从事工作的人，能否把重点放在工作本身，去做出更加精益求精的业绩。

要想做好工作，我们必须要做到敬业、精业、乐业。当自己有了干一行、爱一行、钻一行的工作理念后，才会在工作中不断地加强业务知识学习，让工作有“干必成、成必优”的效果。

无论是现在身居要职的企业高管，还是企业中做着卑微工作的员工，日久天长都可以通过敬业找到实现自己价值的平台。因为敬业者能够从工作中发现自己的不足，继而不断地学习、不断地提高自己。而就在这不断学习的过程中，常常包含着成功的机会。毕竟现代的社会竞争太激烈，淘汰的速度太快了，所以现代人的工作已经成为一个继续学习的过程，成为提高自己工作价值而进行的投资。当一个人把敬业变成一种习惯时，就能在多干活、干好活的过程中学到更多的知识，积累更多的经验，体验到干好活的乐趣，从思想与业务同进的过程中享受快乐。

4.

对工作敬业让你超越平庸，追求尽善尽美

对工作敬业，会让我们超越平庸，追求尽善尽美。因为敬业就是敬重自己的工作，把工作当成自己的事情，具体的表现为忠于职守、尽职尽责、一丝不苟、全心全意、善始善终等职业道德，其中糅合了一种使命感和责任感。这种道德感在当今社会得以发扬光大，使敬业精神成了一种最基本的做人之道，也是成就事业的重要条件。

对工作是否敬业，是否竭尽全力，是否积极进取，就能表现出你是否热爱工作。我们无论从事何种职业，都应该对工作具有敬业精神，只有敬业，才能让我们竭尽全力，积极进取，尽自己最大的努力，把工作做到完美。这不仅是工作原则，也是人生原则。我们一旦领悟了敬业，那你就掌握了打开成功之门的钥匙了。你会全力以赴地工作，处处以竭尽全力、积极进取的态度工作，就算是从事最平庸的职业也能增添个人的荣耀。

李素丽是北京市公交总公司汽一公司第一营运分公司21路售票员，1998年起从事“李素丽热线”管理工作。在将近二十多年的售票员工作中，她把“全心全意为人民服务”作为自己的座右铭，真诚、热情地为乘客服务，被群众誉为“老人的拐杖、盲人的眼睛、外地人的向导、病人的护士、群众的贴心人”，先后荣获全国五四奖章及“三八红旗手”、优秀共产党员等称号，2000年被评为全国劳动模范。

李素丽在平凡的岗位上勤奋敬业，多年来细致耐心地为顾客服务。在工作中，她坚持“四心”服务原则：礼貌待客要热心，照顾顾客要细心，帮助乘客要诚心，热情服务要恒心。

“用力去做只能达到称职，用心去做才能达到优秀。”李素丽在谈到自己的工作时是这么说的。

从售票台到热线平台，是什么使李素丽在平凡的岗位上光芒耀眼？她坦言："不管干什么工作，都要勤奋敬业，有强烈的事业心、责任心和爱心，只有把自己和职业融为一体，把自身价值和本职岗位紧密相连，全身心地投入工作中去，才能把本职工作干好。"

在工作中，李素丽常常试着与乘客换位思考，设身处地为乘客着想，努力把握乘客心理，常常几句话就化解了车厢里的矛盾。她说："车厢就是一个流动的小社会，化解矛盾是售票员应该掌握的基本技能。"

多年来，对工作敬业的李素丽为了让工作做得尽善尽美，并争取让每一个乘客满意，她业余自学了简单的手语，为聋哑的乘客提供优质服务；为了使外地人在北京有亲切感，李素丽一有机会就学习方言；为了给来自外国的乘客提供更好的服务，她还自学了英语。就这样，为了给不同层次的乘客提供优质服务，李素丽不断"充电"，目前她已经是一位硕士研究生。

她说，做一名优秀的服务人员很不容易，只有学到过硬的本领，才能为百姓搞好服务。一个好的售票员在某种程度上可能是一个心理学家、语言学家和外交家。

由于李素丽在平凡的岗位上做出了优异的成绩，得到了广大乘客的好评和政府的表彰，成为全国劳动模范、五一劳动奖章获得者。

正是李素丽对工作的敬业精神和全心全意为百姓服务的崇高境界，才让她在工作中追求尽善尽美，并最终让她从平凡得不能再平凡的工作中脱颖而出，成为我们每一个人学习的榜样。

对工作敬业会让我们在平凡的工作中奋发图强，在工作上超越平庸，追求尽善尽美；敬业让我们无时无刻地要求从自己做起，从现在开始刻苦敬业、不达目的不罢休的精神与毅力，不断突破传统尝试新事物和解决新问题，当我们对工作有这样持之以恒的精神后，一定能够让自己超越平庸，成就平凡中的不凡。

任何一份职业，都是一个人赖以生存和发展的平台，所以，当我们拥有一份职业时，就应该加倍地珍惜它。人生活在这个世界上，总要有个目标、有个发展方向，说得再实在一些，就是要有个谋生的依托，工作既是谋生手段，也是一个人对社会的一份责任。

当我们选择了自己所从事的职业时，对工作敬业就是义不容辞的任务，就应该把自己的理想、青春、才智毫无保留地奉献给自己的工作，让自己爱岗敬业，怀着敬畏的心在自己的岗位上专心、守职、尽责、全身心地投入，并着眼于大局、立足于小事，努力在平凡的岗位上做出不平凡的业绩。

爱岗敬业说得具体点就是要做好本职工作，把一点一滴的小事做好，抓好每一项工作，从我做起，从小事做起，从现在做起，这就是敬业，这就是爱岗！

工作给予我们的虽然只是平凡得不能再平凡的生活，但只要我们踏踏实实地立足自己的工作岗位，在工作中投入自己的热情和智慧，增强工作责任感，把每一天的工作都尽心尽力地做好，争取比别人“多做一点”，每一件小事情都力争高效地去完成，扎扎实实做好本职工作，并尝试着超越自己，让自身不断进步。就会让自己在工作中脱颖而出。

对工作敬业，需要我们抓好细节。做好工作中的每一个细节、每一件小事，因为细节成就大事，工作细节无小事。即使你做着最平凡的工作，只要你处处以尽职尽责的态度去工作，百分之百地对自己行为负责，出色地完成自己的本职工作，你就是一名爱岗敬业的职工，你的工作就会赢得单位领导和身边同志们的尊重和肯定，你就是在平凡工作岗位上干出了不平凡的业绩。

敬业工作就得尽责。因为我们的命运与公司或是企业的前途息息相关，面对越来越激烈的职场竞争，我们要怀着主人翁的责任感，时刻关注公司的安危和发展，将个人的利益与发展融入单位的利益与发展中，与单位同舟共济，荣辱与共。从业就必须敬业，敬业才能更好地从业。工作一天尽职一天，严格遵守工作规范，认真履行岗位职责，充分发扬敬业的精神，认真对待每一项工作，努力提升工作效率。

任何工作只有种类不同，没有高低贵贱之分，只要你能忠于职守，一心一意地投入自己的精力和热情，渐渐地你会为自己的工作感到骄傲和自豪，就会赢得他人的尊重。任何人在任何岗位上，都是创造者，都是奉献者。

做好工作，就必须对工作敬业。每天多用几分钟时间去想一想，我们有幸拥有眼前的这份工作，有什么理由不去做好呢？带着责任心去工作，付出我们的行动，珍惜眼前美好的事物，我们的工作会更加愉快、更加出色，若干年后，当我们回首往事时，就会为自己终生奋斗的工作感到无比自豪和骄傲！

5. 敬业精神，是事业成功的保证

敬业精神既是事业成功的保障，更是实现人生价值的手段。

再平凡的工作，只要我们具备敬业精神，我们就能勤勤恳恳地把工作做得比别人更快、更正确、更专注、更完美，调动起自己全部智慧全力以赴，让自己在平凡的岗位上做出不平凡的业绩。

敬业精神是我们事业成功的保证。说起成功，人们总会想到，成功人士具有非凡的智力、胆量或者特别的机遇。事实上，这样的看法固然有一定的道理，但只说对了一部分。如果从职业生涯的角度来看，对工作的敬业精神才是他们成功的保证。纵观那些成功人士的成功经历，我们会发现，他们的共同特点就是对自己所从事的工作具有一般人没有的敬业精神。爱迪生说自己的成功是“百分之九十九的汗水加百分之一的天赋”，鲁迅也说自己不是个天才，他只是把别人喝咖啡的时间用在了写作上。

敬业是成功的关键，也是成功的制胜法宝。对于我们来说，对工作敬业其实就是认真，认真做事是我们通往崇高理想目标的桥梁。“差之毫厘，谬以千里”，哪怕是一个错误的字，就有可能会导致整个合同无法执行；一个错误的标点符号，可能导致整个财务报表失去意义。

我们的职业生涯是由一件件的工作串在一起的。点点滴滴逐步积累，养成敬业精神，没有做不了的事情，没有成就不了的事情。

在具体工作中,我们更要做到爱岗敬业,把点滴小事做好,把分秒的时间抓牢。对工作用心细心,对工作事事敬业、时时敬业,这样才能成就事业。

一个具有强烈敬业精神的人,才能够让自己全身心地投入工作中,持之以恒地追求工作的成就和荣誉,不断地积累工作经验,增长自己的职业本领。

从前在宾夕法尼亚的一个山村里,住着一位卑微的马夫,后来,这位马夫竟然成了美国第三大钢铁公司伯利恒钢铁公司创始人,也是美国最著名的企业家之一。他就是查尔斯·齐瓦勃先生。

齐瓦勃先生的成功秘诀是:每谋得一个职位,他从不把薪水的多少视为重要的因素,他最关心的是新的位置和过去的位置相比是否前途和希望更远大。

齐瓦勃出生在美国的乡村,小时候由于家里很穷,他只受过短暂的学校教育。然而,出身卑微的他,志向非常远大,他发誓自己长大后一定要干出一番事业来。

他最初在钢铁大王安德鲁·卡耐基的工厂做工,当时他就自言自语地说:"总有一天,我要做到本厂的经理。我一定要努力做出成绩来给老板看,使老板主动来提拔我。我不会计较薪水的高低,我只要记住:要拼命工作,要使自己的工作产生的价值,远远超过我的薪水。"他下定决心后,便以十分乐观的态度,心情愉快地工作。

虽然齐瓦勃当时的工作只是一名普通得不能再普通的建筑工人。但他对工作非常敬业,当其他人都在抱怨工作辛苦、薪水低并消极怠工的时候,齐瓦勃却一丝不苟地工作着。

为了把工作做好,对工作敬业的他还自学了建筑知识。后来由于工作出色,他被公司提升为技师。看到他晋升这么快,有同事向他讨要经验,他毫不隐瞒地说:"很简单,就是把工作当成实现自己梦想的事业去做。这样我们在工作时不只是在为老板打工,更不单纯是为了赚钱,而是在为自己的梦想打工,为自己的远大前途打工。这样我们才会对工作怀有敬业精神，才能在工作中不断提升自己。当我们在工作中创造出价值后，就会发现，这时我们的成就感和快乐，会远远超过所得到的薪水。”

齐瓦勃在30岁时，他成了卡耐基钢铁公司的总经理，39岁时，他又出任全美钢铁公司的总经理。

齐瓦勃那时只要获得一个位置，就决心做所有同事中最优秀的人。当同事抱怨待遇低微时，齐瓦勃把注意力集中在敬业工作上。他明白，目前的待遇或多或少，与他将来注定要获得的财富相比，是微不足道的。他看清了周围人的卑微愿望和平庸命运，也在自己的卓越之路上默默努力。他做任何事情都保持乐观的心态、愉快的情绪，他在业务上尽可能做到尽善尽美、精益求精。这样公司就习惯把难度高的事情都交给他来处理，于是他渐渐成了公司的主心骨。最后他终于做到了全美钢铁公司的总经理，成了美国最著名的企业家之一。

可以说，齐瓦勃的成功，是对工作的敬业换来的。他用敬业工作换取了公司的重用，让自己获得发展的机遇，最终让齐瓦勃在工作中创下了非凡的业绩，完成了他从打工者到创业者的飞跃，让自己最终获得了成功。

在任何一个地方、一个部门、一个单位，如果一个人总是敬业地做事，并且把事情做得精益求精，总是让别人惊喜，上司自然会注意到他，必要时自然会把他提拔到重要的位置。没有一个老板不喜欢有上进心而又对工作敬业的下属的，他们也在随时观察员工们的表现。

任何时代，敬业精神都是社会进步与发展的基石，个人事业成功的保证。唯有敬业者，才会更加懂得生活的意义。如果你想有所作为，你想成为企业家、科学家或工程师，就必须敬业。只有这样，你的能力和才华才会与日俱增；才能使自己和他人生活得更为精彩美妙。所有的成功，都来自于你的努力，都来自于你对工作的投入。你是否愿意为了工作而全力以赴，这些将在很大程度上影响到个人的发展。

对于每一个职场人士来说，对艰苦工作抱有持之以恒的敬业精神，还是一种精神支柱。只有敬业工作，你才可能在职场上出人头地；只有敬业精神，你才有可能在自己的行业中做出成就来。要想用工作改变自己的命运,就必须对工作怀有敬业精神。

阿基勃特刚进入美国标准石油公司时,只是一个普通得不能再普通的小职员,没有引起其他人员的重视。但是不久,这个普通的小职员却因为强烈的敬业精神而受到许多人的注意。

原来,阿基勃特在进入公司后,他时刻把自己当成公司的一员,并没有因为自己只是一名小职员,而不注重公司的声誉。在工作中,他不但把每一项工作都做得完美细致,而且还把对工作的这种强烈的敬业精神,通过工作之外的一个小小的举动来淋漓尽致地表现出来。

那时,阿基勃特不管走到哪里,凡是需要自己签名的地方,阿基勃特都会在签名的下方写上"每桶四美元的标准石油"。外出住旅馆时如此,给亲友写信时如此,在给他人打收条时也是如此。为此,同事们亲切地称他为"每桶四美元"。

当时,因为他老是用"每桶四美元"来签名,所以,很多人都差点忘了他的真名字。对此有人不解,问他为什么要这么做。他笑着回答:"当然是为我们的公司做宣传了,我这样做会让所有的人知道,我们公司的石油才四美元。"

后来,这事被公司董事长洛克菲勒知道了,他邀请阿基勃特共进晚餐,并号召公司职员向他学习。后来,阿基勃特坚持以这种态度对待工作中的每一件事,他的才华在工作中也越来越展现出来了,洛克菲勒退休后,他成了标准石油公司第二任董事长。

从阿基勃特的成功上我们可以发现,他的成功在很大程度上取决于他的敬业精神。其实,对工作敬业,不仅是把本职工作做好就可以了,而是还要在工作之外,处处想着为公司树立正面形象,宣传公司。

敬业,是一个人事业成功的基石,没有敬业精神,又何来成就事业之说?弘扬敬业精神,既是做好工作的需要,也是自我生存的需要;既是一个人应当具备的职业品质,又是一个人做好本职工作的前提和保障。敬业的人,是自信的人,他会把每天的工作看成是人生目标,全身心投入本职工作，在工作中获得成就感。

敬业精神是一种对职业的意义有着深刻领悟的激情；是对职业的敬畏、虔诚和全身心的投入。有的人在生活中，总是不满意目前的职业，希望改变自己的处境。但世界上绝对没有不劳而获的事情，人们的成功无一不是按部就班、脚踏实地地努力的结果。

有一个公司老板聘用了一个年轻人做自己的司机，年轻人只领取属于自己的那一份酬金。而可贵的是，这个年轻人对工作非常敬业，他除了完成自己分内的工作外，还经常为老板寄发一些信件，处理一些手头上的问题。这样一来，他对公司的一些业务也了解了很多。

渐渐地，如果老板有事情脱不开身时，就让他代为处理。他还在晚饭后回到办公室继续工作，不计报酬地干一些并非自己分内的工作，而且在超越自己的工作范围内也力求做得更好。

当下班的铃声响起之后，他依然坐在自己的岗位上，在没有任何报酬承诺的情况下，依然敬业工作。

有一天，公司负责行政的经理因故辞职，老板自然而然地想到了他。在没有得到这个职位之前已经身在其位了，这正是他获得这个职位最重要的原因。

任何一个人，无论从事什么行业，无论就职什么岗位，都应该自觉把敬业作为人生态度与工作习惯，因为只有筑牢了成功的基石，才能攀上事业的巅峰。不敬业的人，必将会被事业所抛弃……所以，只有敬业精神并不是事业成功的保证。一个人没有敬业精神，事业肯定不会成功。但只有敬业精神还不够，还要懂得为什么敬业、为谁敬业。

在工作中，我们处在一个特定的工作岗位，要做到敬业，最重要的是强化岗位职业责任，坚守工作岗位，履行工作职责，提高职业技能。

我们在职场立足需要多种条件，其中首要的条件是员工的敬业精神，敬业与否已成为企业选人的重要标准。每个岗位无论需要什么样的人，不管其工作能力有多大差异，所有的应聘人员必须具备一个共同的素质，这就是敬业。一个人只有对工作具有敬业精神，才能最大限度地发挥自己的聪明才智，为企业发展做出自己的贡献。

任何一个公司或是企业，都非常欣赏那些具备高度敬业精神的员工。公司或是企业培养或提拔一个人，考核这个人的第一标准就是：是否对工作有敬业精神。

在当前激烈的市场竞争中，工作岗位相对缺乏，这就更需要我们用敬业精神来换取就业的机会。一个不敬业的人，若只出工不出力，敷衍了事，就会面临下岗失业的尴尬。有句话正说明了敬业精神的重要性，那就是，"不爱岗就会下岗，不敬业就会失业"。

强烈的敬业精神是我们做好工作的前提，是事业成功的保证。一个人具备了强烈的敬业精神，就意味着在工作中能够严格要求自己，以积极心态、饱满热情投入到工作中来，做好每一件事情；一个人具备了强烈的敬业精神，就能够为了完成工作任务，做到勤奋踏实，勇于创新，不怕吃苦；一个人具备了强烈的敬业精神，就能够自觉遵守各项规章制度，不做损害集体的事情。如果能做到这些，他就能够出色地完成工作任务，认真履行自己的工作职责，同时为自己事业的成功奠定了良好的基础，那么他的成功一定是指日可待的事情。

第七章

严守机密，珍惜工作就要对公司无限忠诚

忠诚是人类最宝贵的美德之一，是衡量一个人是否具有良好职业道德的前提和基础，是一种高贵的品质，体现了一个人无私的精神。对于我们每一个人来说，忠诚既是一种美德，更是一种能力。身在职场，我们作为公司的一员，更需要对公司忠诚。因为忠诚，我们会更加珍惜自己的工作；会尽心尽力、尽职尽责地工作，并且敢于承担工作中的一切；会表里如一、言而有信，成为公司里最诚实守信的典范；不会因为公司的规定而觉得自己的自由受到了羁绊，更不会做出违背公司利益的事情。

1. 忠诚是人类最宝贵的美德

忠诚是人类最宝贵的美德之一，它体现在最珍贵的情感和行为的付出。对于我们每一个人来说，忠诚既是一种美德，更是一种能力。一个缺乏忠诚的人，他的能力再强，也会失去用武之地的。

身在职场，我们作为公司的一员，更需要对公司忠诚。因为忠诚，我们能尽心尽力、尽职尽责地工作，并且敢于承担工作中的一切。

对于公司来说，任何时候，忠诚永远是企业生存和发展的精神支柱，这是企业的生存之本。我们只有忠诚于自己的领导和企业，才有权利享受企业给自己带来的一切。

比尔·盖茨曾经发出过这样的感叹："这个社会不缺乏有能力和智慧的人，缺的是既有能力又忠诚的人。相对而言，职工的忠诚对于一个企业来说更重要，因为智慧和能力并不代表一个人的品质，对企业来说，忠诚比智慧更有价值。"

在现代社会中，忠诚已不仅是品德范畴的东西，它更是一种生存的技能。忠诚还是一种职业敬业精神。忠诚者易于成就事业。如果你选择了某一个工作，那就真诚地、负责地干吧，你的事业的航船已经满帆起航。

忠诚不但让我们敢于承担责任，还可以确保任务的有效完成，以及责任的勇敢承担。因此，一个忠诚的员工，要在公司做到三个忠诚。

1. 忠于自己的组织。我们需要依靠公司的业务平台才能发挥自己的才智，对公司忠诚，实际上是一种对职业的忠诚，一种对承担或者从事某一种职业的责任感，也是对自己负责，公司需要忠诚和有能力的员工，因为公司的业绩大都是忠诚的员工全力创造的，企业的信誉靠忠诚的员工爱心维护，企业的力量靠忠诚的员工团结凝聚。只有当公司有了更好的发展，员工自身的价值才能得以实现，人生才会大放光彩。

忠诚是对归属感的一种确认，当一个人确认自己属于某一个集体，这个集体可以是企业，也可以是社会，只要它确认自己属于这个集体，他就会不仅意识到自己属于这个团队，而且他会自觉的认为他必须为团队做出最大的贡献，这样才能得到这个团队的承认。所以，忠诚可以确保任务的有效完成，以及对责任的勇敢担当。

2. 忠于自己的领导者。这个世界需要秩序，一个充满战斗力的集体或团队，必定是一个有严格秩序的集体。因为只有这样，才能确保行动的一致性和协调性。对于任何一个集体和团队来说，必须有一个核心，这是确保一个团队不涣散的根本所在。

对于核心的忠诚，则是整个团队实现自己目标的关键因素。因为忠诚，就会形成巨大的合力，就会无坚不摧，战无不胜。对于一个企业而言，员工必须忠诚于企业的领导者，这也是确保整个企业能够正常运行、健康发展的重要因素。

3. 忠于自己的职责。忠于自己的职责就必须尽职尽责，热爱本职工作，有强烈的责任感，不做任何与履行职责相反的事，不做有损公司形象和信誉的事，为公司出谋划策，时时刻刻把集体的荣誉放到第一位，戒除私心，不要把公司的物品据为己有，做一个有着强烈的事业心、一心为公司谋取更高的效益、公私分明的员工。

我们每个人必须以忠诚来要求自己。不仅如此，这对员工自身的成长也是极有帮助的。一方面，企业需要忠诚的员工为企业的发展做贡献，另一方面，员工也必须依赖企业这个平台展现自己的才智。

当我们的忠诚换来企业的重用之时，也正是我们自己大展宏图之日。这是因为：

1. 职工的忠诚体现在对事业的忠诚，对自己企业的忠诚。认真做事只是把事情做对，用心做事才能把事情做好。如果他对事业忠诚，他就会认真地把他该做的事情做好。

2. 职工与企业必须同呼吸共患难，逆境是考验一个人是否忠诚的最佳时机，是检验一个人“忠诚度”的试金石。当企业经营陷入困境时，你能坚守岗位为领导分忧解难，才是真诚的最佳体现。

3.如果你能忠诚敬业，你就不会去计较名利得失，不会受周围环境的干扰和利诱，总是以积极的心态去看待成功和失败，做到胜不骄，败不馁。

公司或企业的生存和发展离不开员工的奉献和创造，而员工的生存和发展更依赖企业的发展。员工和企业的关系可以说是“唇齿相依，唇亡齿寒”。事实证明，如果一个人给了企业绝对忠诚，那么企业一定回报他应得的报酬和荣誉；相反地，一个人如果缺乏忠诚，奉行“有奶便是娘”的信条，背信弃义，那么他必将会被企业抛弃。

没有哪个公司或企业的领导会用一个不忠诚的人。“我们需要忠诚的职工。”这几乎是所有老板共同的心声。其实，老板和员工没有本质的区别，他们只是分工不同。如果能做到上级对下级关怀备至，下级对上级尊重有加，自上而下形成了和谐统一，就可以发展壮大一个企业；反之，就可能毁掉一个企业。

纵观中外那些著名的有着几十年发展历史的大公司，我们就会发现，公司的成长，都是几代领导和员工艰苦奋斗、齐心协力、爱岗敬业、忠诚守信的创业史，是几代员工对公司的忠诚才铸就了今日的辉煌。

每个公司都会要求公司的每个员工必须以忠诚来要求自己，用忠诚来关注公司的荣辱。不仅如此，这对身为员工的我们自身的成长也是极有帮助的。一方面我们需要依靠公司的发展平台发挥自己的才智，另一方面我们也必须依赖企业这个平台来展现自己的聪明才智。

从某种意义上来讲，对公司忠诚，实际上是一种对职业的忠诚，公司需要有忠诚和有能力的员工，因为公司的业绩靠忠诚的员工全力创造，公司的力量靠忠诚的员工团结凝聚。只有公司有了更好的发展，身为员工的我们自身的价值才能得到体现。

忠诚永远是公司生存和发展的精神支柱。一个对公司忠诚的人，一定是一个热爱自己工作的优秀的人，一个倡导忠诚理念的公司，一定是充满活力、诚信和谐的公司。如果我们都能够忠诚于公司，爱岗敬业，努力工作，那么就会开辟一片人生的新天地。

要想成为一名企业所需的忠诚之人，可以从以下几点着手做起：

1.永远将企业整体利益放在第一位，做到无私奉献。

2.对工作充满热情，主动积极地工作，重视工作中的每件事，竭尽所能奉献自己。

3. 勇于承担责任，面对工作任务做到不推诿，对待工作责任也绝不找借口搪塞。

4. 工作中严格要求自己，做到优质高效地完成每一项任务，绝不马虎草率。

5. 为客户提供最优质的服务，保证客户对企业的满意度。

6. 工作中保持良好的精神状态，并做到行为和礼仪规范，以维护企业形象。

7. 不断提升自己的各项技能，不断学习新知识新技术，为企业更好地服务。

对企业忠诚的追求是永无止境的，以上这些只是成为忠诚员工起码该做的。在工作中，我们在力求将上述几点做到完美的同时，还要不断要求自己做到更好。总之，忠诚不能只是口头上的承诺，而是要在工作中拿出实际行动和现实业绩来证明。

2.

对公司忠诚，就得禁得住诱惑

忠诚是一种高贵的品质，体现一个人无私的精神。假如把智慧和勤奋看作金子般珍贵，那么，比金子还珍贵的就是忠诚。身在职场，我们要做到对公司忠诚，就得禁得住各种诱惑。

忠诚的员工表里如一、言而有信，是公司里诚实守信的典范。这种人绝不会因为个人的一点私利，就将自己陷进尔虞我诈的复杂人际关系中，忘掉自己本应该承担的工作职责。

忠诚是衡量一个人是否具有良好职业道德的前提和基础。毫无疑问，一个公司更倾向于选择忠诚的员工，哪怕其工作能力在某些方面稍微欠缺一些。一个员工固然需要精明能干，但再有能力的员工，如果不以公司利益为重任，那么他就不能算一个合格的员工。

当忠诚由生活态度成为工作态度时，工作对于自身的意义就不仅是赚钱那么简单，也就不会因为公司的规定而觉得自己的自由受到了羁绊，更不会做出违背公司利益的事情。

福特公司是世界上大名鼎鼎的公司。有一次，公司有一台马达坏了，公司所有的工程技术人员都未能修好，只好另请高明。他们请来的技术员叫思坦因曼思，原是德国的工程技术人员。思坦因曼思流落到美国后，穷困潦倒，当时，没有哪个大企业愿意雇用他，最后，有一家小工厂的老板，因看重他的才能而雇用了他。

来到公司后，思坦因曼思不但对工作认真负责，还对公司十分忠诚。后来，他因为专业技术高超，而不断地为公司创造佳绩。也正是因为他优秀，所以，福特公司才特意到该公司去请他。

福特公司把思坦因曼思请来后，他先在电机旁听了听，之后要了一架梯子，一会儿爬上去，一会儿爬下来，最后在马达的一个部位用粉笔画了一道线，写上几个字："这儿的线圈多了16圈。"果然，福特公司的人按他说的，把这16圈线圈一去掉，电机立刻运转正常。

亨利·福特对思坦因曼思非常欣赏，一定要请他到福特公司来，出的薪水是他原来公司的好几倍高。思坦因曼思却拒绝道："我所在的公司对我很好，我不能见利忘义，跳槽到福特公司来。"

听了他的话，福特更加欣赏思坦因曼思，一方面因为其高超的技艺，另一方面更因为其对企业的忠诚！后来，为了得到这个忠诚与才能兼备的人才，福特竟不惜重金而买下了思坦因曼思所在的那个小公司。

这就是忠诚的员工，他绝不会见利忘义，而是凭借自己对公司的忠诚，凭借自己在工作中的勤奋努力，用踏实的工作取得工作成绩，并借此实现自我价值的提升。忠诚的人对自己的工作更尽心尽力，对自己的公司更负责，同时能够做到与同事和老板同舟共济、共赴艰难。

忠诚永远是企业生存和发展的精神支柱。企业需要忠诚的员工，忠诚的员工尽心尽力、尽职尽责，敢于承担一切的品质是企业最大的财富。

能够维护公司利益的员工都具有强烈的荣誉感。员工是公司的代言人，员工的形象在某种程度上就代表了公司的形象。员工在任何时候都不能做有损公司形象的事情，这也是一个员工最基本的职业准则。就像我们自己不愿意让别人伤害我们的形象一样，我们也绝不容许让别人伤害自己公司的形象，要知道，只有公司强大了，我们自己才有可能有更大的发展。具有集体荣誉意识的人，在任何一个团队中都会受到欢迎的。

许多企业在用人时，既要考察其能力，更看重个人品质，而品质更关键的就是忠诚度。一个忠诚的人十分难得，一个既忠诚又有能力的人更是难求。这样的人走到哪里都有条条大路向他们敞开。相反地，能力再强，如果缺乏忠诚，也往往被人拒之门外。毕竟在人生事业中，需要用智慧来做出决策的大事很少，需要用行动来落实的小事却很多。少数人需要智慧加勤奋，而多数人却要靠忠诚和勤奋。

老杜是一家大型企业的技术骨干，因为才华出众很快被提拔为技术总监。上任一年之后，他却离开了公司。大家都很疑惑，认为他技术水平高，又很能干，没有理由在事业正处于上升时期离开啊。

后来人们才知道，老杜在担任技术总监期间，曾为了收受一笔两万美元的私款，而把企业的一项重要的技术机密出卖给了对手公司。没有不透风的墙，这件事没过多久就被发现，老杜不但受罚，并且被迫离开了这家公司。

离开原公司后，老杜曾去对手企业应聘，谁料对方老板却不要他，理由是：“你对原来的公司不忠诚，以后就有可能为了自己的利益对我们的公司不忠诚。一个不忠诚的人，我们也不敢用。”

老杜在这行的名声算是彻底败坏了，他在这个行业里没有了任何出路，只好在其他行当另谋发展。

老杜在职场上的惨败，就是因为他忠诚的缺失，同时也失去了别人对他的信赖。为一点小小的利益而出卖忠诚的人丧失了别人的信赖，丧失了发展机会和长远利益，并且一旦失去了就很难再弥补回来。

职场犹如战场。身在职场中的每个人，也应该把忠诚作为一种职场生存方式。

忠诚是职场中最应该值得重视的美德，只有所有的员工对企业忠诚，才能发挥出团队的力量，才能拧成一股绳，劲往一处使，推动企业走向成功。

在诱惑颇多的今天，我们很容易背叛自己的忠诚，所以，能够守护忠诚就显得更加珍贵。坚持自己的忠诚，不是一件容易的事情，它需要拥有更多的知识能力，并能经得住考验。

每一个公司或企业在选用人才时，既看重技术能力，更看重品行道德，在品德中企业最关注的就是忠诚度。在现代社会中，有技术、有才华的人并非少见，而忠诚的人却不多，既忠诚又有能力的人就更加难得了。这种既忠诚又能干的人，正是老板梦寐以求的得力干将，这样的人早晚有一天会出人头地。

一个缺乏忠诚度的员工，喜欢为了薪水的高低而频繁地跳槽；喜欢为了自己的利益而做出损害公司或企业的事情。这样的员工，任何一家企业或公司，都会唯恐躲之不及，哪里还敢聘到公司。没有公司的平台去发展，再有才干的人也是枉然。

我们要想在事业上取得成功，就必须具有坚定不移的耐力和忠诚，因为专业知识、业务技能都需要时间来慢慢积累。而一个没有耐力和忠诚的人，会频繁跳槽或是出卖公司，这样的人，要么永远只能停留在工作的表面上，要么会被所有的公司所嫌弃，还何谈成就人生的机会？

我们要想在工作上做出一番成就，想让自己获取事业的成功，就必须拥有最宝贵的忠诚，这样才会让我们在面对外界的诱惑时而不会心浮气躁，让自己忠于公司、忠于自己的职责。

3.

无论何时，都要永远忠诚于自己的公司

无论何时，我们都要忠诚于自己的公司，这是每个职场人士一生中唯一的正确选择。伟大诗人雪莱说过："在任何生命中，忠诚都是贯穿于其中的主线——甚至在一种文化中也是如此。最重要的是，它给予一个生命或一种文化以意义和情味。"国家或信仰的力量在于，它在人民心底呼唤起真正的忠诚感。

作为一种基本的职业素质，身为员工的我们对公司的忠诚是必须的。18 世纪美国最伟大的科学家，著名的政治家和文学家本杰明·富兰克林也曾说过："如果说，生命力使人们前途光明，团体使人们宽容，脚踏实地使人们现实，那么深厚的忠诚感就会使人生正直而富有意义。"

在职场上，我们职业人要做的是，首先要对职业绝对的忠诚，只有这样的忠诚才能保证你为公司创造良好的业绩，而业绩又是公司聘用你的根本要求。

忠诚是一种职业生存方式。如果你选择了为某一个人工作，那就要真诚地、负责地为他干；如果他付给你薪水，让你得到温饱，那你就要称赞他、感激他，支持他的立场，和他所代表的机构站在一起。

晓慧高中毕业后，就来到这家房地产公司做电脑打字员。她的打字室与老板的办公室之间隔着一块大玻璃，老板的举止她只要愿意就可以看得清清楚楚，但她很少向那边多看一眼，她每天都有打不完的材料，她知道工作认真刻苦是她唯一可以和别人一争短长的资本。她处处为公司打算，打印纸都不舍得浪费一张，如果不是要紧的文件，她会把一张打印纸两面都用。

一年后，公司资金运作困难，员工工资开始告急。晓慧身边的同事跳槽的跳槽，辞职的辞职。最后总经理办公室的工作人员就剩下她一个人了。人少了，她的工作量也陡然加重，除了打字，还要做些接听电话、为老板整理文件等杂活儿。

有一天，老板来到她身边，直截了当地问她："同事们都走了，你为什么不离开？"

听了老板的话，她很惊讶地说："正因为他们都走了，我才不能走啊。要是我走了，办公室里这么多事情，谁来做呢？"

这回轮到老板惊讶了，过了一会儿，老板问道："你不怕公司破产后，到时你会连工资也拿不到吗？"

她自信地说："怎么会呢，我觉得只要当老板的您不放弃，公司就不会破产。现在公司的情况确实不好，可许多公司也和我们公司一样，都面临着同样的问题，并非只是我们一家。而且，虽然您的几千万砸在了工程上，成了一笔死钱，可公司并没有全死呀！我们公司不是还有一个公寓项目吗？只要好好做，这个项目就可以成为公司重振旗鼓的开始。"

她说着就拿出那个项目的策划文案递给老板。

不知道是她的话给了老板信心，还是这个项目带给了老板希望。在老板接过那个策划文案后，大声地说道："你和我想的一样，这个项目会让我们的公司东山再起的。"

几天后，晓慧被派去搞那个项目。两个月后，那片位置不算好的公寓全部先期售出，她拿到四千万的支票，公司终于有了起色。后来她又帮着老板做成了好几个大项目，公司终于走上了正轨。

两年后，公司出钱让她到国外带薪留学两年，并承诺她学成回来后，提升她为公司副总。她走后，许多人劝老板："像她这样有能力的人，您不怕她学成后另谋高就啊。到时，公司不就白白培养她吗？"老板听后总是不置可否地一笑。

她在国外求学期间，就有很多公司出高薪聘请她。但她都一一拒绝了。毕业后，国外一家著名的大公司，以年薪百万聘请她当大区经理，她依然毫不犹豫地拒绝了。而是回到原来的公司，做了一个管着几十个人的副总。

此时的她，与几年前相比，工作能力更强了。她在工作之余忙里偷闲，炒了大半年股票，为公司净赚了600多万。

与此同时，她在事业上更是蒸蒸日上，国内外许多大公司，争相找她合作。这些公司信任她的唯一原因就是，她对公司的忠诚。在他们看来，一个对公司无比忠诚的员工，会给人一种前所未有的安全感。

又过了几年，公司改成股份制，老板当了董事长，她则成了新公司的第一任总经理。她上任那天，老板一定要请她为在场的数百名公司员工讲几句话。

她笑着说："我为公司炒股赢利时，许多炒股高手问我是如何成功的，我说一要用心，二没私心。确实，很多人一面在为公司工作，一面在打着个人的小算盘，怎么能让公司赢利呢？世上有些道理本是相通的，比如，夫妻双方应该彼此忠诚，公司和员工也应该彼此忠诚。只有这样，家庭才能和顺，公司才能发达。我们在任何时候都不能失去忠诚，因为它是我们的做人之本。"

她的话刚说完，全场响起了热烈的掌声。老板由衷地说道："当年我送你出国留学，很多人都问我会不会担心你学成后另谋高就？我虽然没有正面回答他们，但我心里非常肯定你会回来的。因为一个能在公司危难时依然忠于公司的员工，是不会在公司有起色时离开公司的。"

是对公司的最大忠诚，才让晓慧在公司处于困境时不但留了下来，而且更有工作的热情；是对公司的忠诚，让她的工作仕途更加平稳顺利，因为她的忠诚使得她与企业之间建立了绝对信任。任何事情都有其两面性，人与企业之间的关系也都是相互的，也只有这样绝对忠诚的人，才能被企业所信任、容纳和维护。

富兰克林说过："没有忠诚的态度，就没有机会，就没有将来。"无论何时，我们都要忠诚于自己的公司，不但会让你获得老板的信任，还会让你获得更多的托付、承担更大的责任。特别是在遇到危机时，如果能站在老板的角度看问题，你会理解他的良苦用心，还会感激他在大难当头仍然坚持不让公司倒下的坚持。虽然你解决不了他的燃眉之急，但让他感受到你的理解和支持，有助于帮他宣泄情绪、排解压力，他会从心底感激你。

当然，任何一个人在种种外在条件的影响下都会有跳槽的可能，那些忠诚于自己职业的人也不例外，但他们通常都会有从属于自己的长远人生规划。迪斯雷利说过：忠诚的人，比起那些貌似聪明的人，会获得更多的机会。因此，忠诚于自己的职业的人，就能拥有更大的成功。

忠诚是一种道德品质，是一种职业生存方式，是一种生产力。很多职业成功的人，不是因为特别出众的专业知识和技能，而是和企业一起成长，兢兢业业、任劳任怨、以企业为家，陪伴着老板经历痛苦的阵痛、胜利的欢悦。成功是对企业对你付出青春的回报。

成功如果是一棵大树，那么忠诚就是这棵大树的根。忠诚，应当是每一个人的内在素质的外在体现，是伴随一个人一生的品格。每个人都是社会不可分割的一部分，若想不被社会、不被自己团队抛弃，你就必须忠诚于你的团队。只有忠诚敬业，你才能真正全身地服务于企业，在自己的职位上创造出一流的业绩。

托马斯·杰斐逊说过，如果你是忠诚的，你一定能够获得成功。人的一生坎坷曲折，可能要走很多弯路才能到达自己想去的地方。同理，在生活中不可避免地要换一些工作，但明智的转换应该从属于自己长远的人生规划，最好遵从一定的职业忠诚原则。也只有永远忠诚于自己职业的人，才会在事业中取得成功。

在当今这样一个竞争激烈的时代，谋求个人利益，实现自我价值是天经地义的事。但是，遗憾的是很多人没有意识到个性解放、自我实现与忠诚和敬业并不是对立的，而是相辅相成、缺一不可的。许多人以玩世不恭的态度对待工作，他们频繁跳槽，觉得自己工作是在出卖劳动力；他们蔑视敬业精神，嘲讽忠诚，将其视为老板盘剥、愚弄下属的手段。

老板和员工是一对矛盾的统一体，从表面上看起来，彼此之间存在对立性——老板希望减少人员开支，而员工希望获得更多的报酬。但是，在更高的层面上，两者又是和谐统一的——公司需要忠诚和有能力的员工，业务才能进行；员工必须依赖公司的业务平台才能获得物质报酬和满足精神需求。因此，对于老板而言，公司的生存和发展需要员工的敬业和忠诚；对于员工来说，丰厚的物质报酬和精神上的成就感离不开公司的存在。

老板在用人时不仅仅看重个人能力，更看重个人品质，而品质中最关键的就是忠诚度。在这个世界上，并不缺乏有能力的人，那种既有能力又忠诚的人才是每一个企业企求的理想人才。人们宁愿信任一个能力差一些却足够忠诚敬业的人，而不愿重用一个朝三暮四、视忠诚为无物的人，哪怕他能力非凡。如果你是老板，你肯定也会这样做。

如果你忠诚于你的老板，他也会真诚对待你；当你的敬业精神增加一分，别人对你的尊敬也就会增加一分。不管你的能力如何，只要你真正表现出对公司足够的忠诚，你就能赢得老板的信赖。老板会乐意在你身上投资，给你培训的机会，提高你的技能，因为他认为你是值得他信赖和培养的。

对老板忠诚并不是口头上的，而是要用努力工作的实际行动来体现。我们除了做好分内的事情之外，还应该表现出对老板事业兴旺和成功的兴趣，不管老板在不在身边，都要像对待自己的东西一样照看好公司的设备和财产。另外，我们要认可公司的运作模式，由衷地佩服老板的才能，保持一种和公司同发展的事业心。即使出现分歧，也应该树立忠实的信念，求同存异，化解矛盾。当老板和同事出现错误时，坦诚地向他们提出来。当公司面临危难的时候，和老板同舟共济。

也许你的上司是一个心胸狭隘的人，不能理解你的真诚，不珍惜你的忠心，那么也不要因此而产生抵触情绪。老板是人，也有缺点，也可能因为太主观而无法对你做出客观的判断，这个时候你就应该学会自我肯定。只要你竭尽所能，做到问心无愧，你就在不知不觉中提高了自己的能力，争取到了未来事业成功的砝码。

在我们的一生中，绝大多数人都必须在一个社会机构中奠基自己的事业生涯。只要你还是某一机构中的一员，就应当抛开任何借口，投入自己的忠诚和责任心，与自己的公司一荣俱荣、一损俱损。将身心彻底融入公司，处处为公司着想，对老板承担风险的勇气报以钦佩，理解管理者的压力并给予体谅，尽职尽责地做好自己的工作。

4.

对公司忠诚，就要为公司创造业绩

对公司忠诚，就得多为公司创造业绩。因此，我们在工作中忠诚不要只喊口号，而是要表现在行动上，努力工作，多为公司做出良好的业绩，这才是对公司忠诚的体现。

突出的工作成绩最有说服力，最能让人信赖和敬佩。身在职场，我们首要做的就是对职业绝对的忠诚，忠诚可以激发你的工作激情，这种激情让你为公司创造良好的业绩而不断努力；忠诚的员工，无论是在言语上还是在行动上，都会时刻注意维护公司的形象和利益，时刻遵循公司章程和一切规章制度，尽全力地把自己的工作做到最好；忠诚的员工，具有团队理念，把公司每一位员工都当作自己的合作伙伴，用真诚的合作和奉献来为公司创造业绩……

作为员工，如果在平时工作很努力，能做好自己的本职工作，并且在关键的时候能积极地为公司献计献策，这不仅能使你的才能得以展现，关键的是还能体现你的忠诚，并且这时候的忠诚将体现出更大的价值。

何求和黄钟高中毕业后来到深圳，因为没有学历，也没有一技之长，所以，在三个月中，他们一直没有找到工作。当口袋里的钱所剩无几时，他们只好来到一个建筑工地上找到包工头来推销自己。

老板说："我这里目前没有适合你们的工作，如果愿意的话，倒可以在我的工地上干一段小工，每天给你们30元钱。"

迫于生计的无奈，两人同意了。

第二天，老板给他们分配了任务——把木工钉模时落在地上的钉子捡起来。每天何求和黄钟除了吃饭的半个小时外，一刻也不歇，每个人捡了足足8斤多的钉子。

几天下来，何求暗暗算了一笔账，发现老板这样做十分不合算，根本达不到节流的目的。他想："作为公司的员工，必须为公司创造业绩，这样公司才能更好地发展。公司发展好了，自己才有工作的机会。可是从现在这种情况来看，自己不但不能为公司创造业绩，还让公司损失很大。"

何求决定和老板谈一谈这个问题，在谈之前，他想让黄钟一起去。但黄钟却极力阻止他："还是别找老板的好，否则我们俩又得失业。你管公司损失不损失呢，只要老板能给我们按时发工资就成。咱们出来打工，不就是为了赚钱吗。"

何求没有同意，他直接去找老板谈，认真地对老板说："老板，恕我直言，企业需要效益，表面看来，拾回落下的钉子是一件合情合理的事，但实质上它给您带来的却是负值。我老老实实地捡了几天钉子，每天最多不超过十斤。这种钉子的市场价是每斤 2.5 元，这样算下来，我一天能制造 20 元的价值，而您却给我 30 元的工资。这不光对您是损失，对我们也不公平，因为我们不能在工作中更好地发挥自己。如果现在您算透了这笔账打算辞退我，请您直说。"

没想到，老板竟哈哈大笑起来，说："好小伙子，你过关了！我手头上正缺一名施工人员，拾钉子这笔账其实我也会算，我知道你们俩也都算出来了，我一直就等着你们过来告诉我。如果一个月后你仍然不来找我，你们都将会被辞退。企业需要效益，更需要像你这样忠心耿耿、责任心强、一心为公司谋利益的人才，我希望你留下。黄钟嘛，我只能说抱歉了。"

记得一位成功者说过："自身价值的创造和实现依赖于忠诚。"因为你的忠诚，你主动对老板负责而加倍付出时，老板是不会视而不见的。作为回报，老板也会忠诚地对待你，这个忠诚就体现在对你的重用和提拔。

在职场上，有些员工本来具有出色的能力，但因为缺少对工作尽职尽责的工作态度，才在工作中经常出现疏漏，结果逐渐失去了老板的信任。而另外一些员工，也许刚开始能力平平，但是因为对工作有一份责任心，因而能全身心、尽职尽责地投入工作中，结果反而能把工作做得很好。

在当今这样一个竞争激烈的年代，谋求个人利益，实现自我价值是天经地义的事。但是，遗憾的是，很多人没有意识到个性解放、自我实现与忠诚和勤奋工作并不是对立的，而是相辅相成、缺一不可的。

在老板看来，只有那些具有责任心，对工作负责的员工，老板才会放心地交给他更多的任务和工作，只有积极主动地对自己的行为负责、对老板和公司负责、对客户负责的员工，才是老板心目中的最佳员工。而如果你的责任感不够，老板可能因为你的其他优点而用你，但是，他会认为你是一个不忠诚的人。

忠诚是职场中最应值得重视的美德，只有所有的员工对企业忠诚，才能发挥出团队的力量，才能拧成一股绳，劲往一处使，推动企业走向成功。正是因为这个原因，老板在用人时不仅仅看重个人能力，更看重个人品质，而品质中最关键的就是忠诚度。

一个员工，要想在公司里占有一席之地，除了要对自己所从事的工作的价值有更深入的理解外，还要对公司高度忠诚，有了忠诚，你才能无怨无悔地工作，为公司赚取更多的利润，才能在职场中稳操胜券。也就是说，只有做一个既对公司忠诚，又要为公司多赚钱，这样的人是公司最需要的人。

对于每一个职场人士来说，忠诚会让你双赢。因为当你忠诚地对待你的老板，他也会真诚对待你；当你的敬业精神增加一分，别人对你的尊敬也会增加一分。不管你的能力如何，只要你真正表现出对公司足够的忠诚，你就能赢得老板的信赖。老板会乐意在你身上投资，给你培训的机会，提高你的技能。是忠诚，让他认为你是值得他信赖和培养的。有了老板的进一步培养，你才能真正发挥自己的能力和价值，才有可能得到更多的机会创造更多的价值，同时让你找到属于自己的最好位置，获得意想不到的成功。

5. 忠于职守的员工，职业道路会越走越宽

忠于职守，是最基本的忠诚。忠于职守有两层含义：一是忠于职责，二是忠于操守。忠于职责，就是要自动自发地担当起岗位职能设定的工作责任，优质高效地履行好各项义务。忠于操守，就是为人处世时必须忠诚地遵守一定的社会法则、道德法则和心灵法则。

忠于职守的员工，是优秀员工迈向卓越的必经之道，是我们坚守的最基本法则，是我们安身立命的根本。忠诚职守，会让我们的职场道路越走越宽。

忠于职守，是员工对公司最大的忠诚。古今无数的事实表明，任用那些不忠诚的人无异于养虎为患。试想一个上司或老板怎会对此类下属有好印象而委以重任。因此，无论你的才能有多高，学识有多深，都要有忠于职守的品格，这样才会把握人生成功的先机。

一个人的能力高低不重要，能力可以培养。一个人最可贵的品格和最重要的价值就是忠诚。在职场中，那些秉持忠诚的人，他的道路会越走越宽；反之，就会越走越窄。任何一个行业，看似很大，其实圈子很小。所以，真正有智慧的人，永远都会忠于自己的职守。

忠于职守是建立在对公司忠诚的基础上的。只有对公司忠诚，才能忠于自己的职责。职场中的“热门选手”大都是业绩优异的员工，但在老板眼里，有一种东西比工作能力更重要，即对企业的忠诚度。美国心理专家罗伯茨·希姆指出：在聪明和忠诚面前，老板的选择永远是后者。因此，千万不要自视清高，认为只要做好分内工作，达到出色业绩，就能升职加薪，高枕无忧。如果在平时工作中，你利用自己的聪明，利用工作之便为自己“揽私活”、“谋福利”，其结果一定是被老板辞退。

一个忠于职守的员工，只要他在其位，就会一心一意地做好自己的工作；无论在什么情况下，他都是忠诚地对待自己的职业岗位。

常运因家里经济条件不好，高二没上完，他就离开家乡，跟着村里的大哥哥、叔叔们到一家电子仪器生产厂实习。

这家企业在当地是具有一定影响力的，在被公司录用之前，公司还要给几个月的试用期。试用期间如果员工表现不好，公司会提前解除劳动关系。

常运在公司实习还没满，就到了春节，他因为路途遥远，加上又心疼路费，就不打算回家过年了。厂里便安排他和同村的几位大哥哥轮流值班。

因为快到年底了，同村的几位大哥哥虽然人在厂子，但心却定不下来，就趁主任不在，在工作上该偷懒就偷懒，该耍滑就耍滑。只有常运，每天很早就起床来到车间，像以前一样对机器进行检查、清洁，每项工作他都做得一丝不苟。

那时，他不但把本职工作做得很到位，还在工作之余清洗厂门，在他看来，厂门是工厂的脸面，代表的是工厂的形象。

看到他如此勤快，守厂的老工人心想："反正领导也看不到，我不如多分他一些工作，这样我不就清闲了吗。"这么一想，老工人就把自己的工作移交了一些给他。当然，做这些工作是不会有额外的补助的。但常运不但没有怨言，反而高兴地接受了。

到了放假结束的时候，工厂突然发给了常运一些额外的奖励，还批评了老工人。实习结束的时候，常运顺利地进入了这家许多人都想进去的企业，而他的那些心不在焉工作的大哥们却只有自寻出路了。

忠于职守是一种美德，也是一种与生俱来的义务，忠于职守可以使你在职场中发挥最大的价值、获得最大的利益。不要担心公司看不到你的忠于职守，因为身为公司的领导，他的眼睛既能看到那些偷懒的员工，更能看到那些兢兢业业工作的员工。

忠诚是员工的立身之本。作为员工，在任何一个公司里，如果你希望得到老板的赏识，得到升迁的机会，第一条法则就是你必须忠诚于公司忠诚于自己的职业。无论你的能力多么优秀，无论你的智慧多么超群，没有忠诚，没有人会放心地把最重要的事情交给你去做，没有人会让你成为公司的核心力量。

当你对公司忠诚时，你会更忠诚于自己的职业，为了把工作做好，你会不断地充实自己，使自己的价值得到体现。最终的结果是让你获得财富和荣誉。

忠诚不是一个简单的概念，也不是单向的付出。员工的忠诚不是愚忠，不是简单地为企业效命，而是要首先忠诚于自己的职责和事业，把自己的职责、事业与企业的发展结合起来。另外，忠诚固然可贵，但不等于有了忠诚就有了一切，真正的忠诚是有能力的忠诚，是为了自己的忠诚而努力提高自己。

忠诚是为人处世的第一原则。不管你身处何地，涉世未深还是历经世事变迁、沧海桑田，相信忠诚，保持忠诚，坚守忠诚，就能守住你心灵的契约，赢得做人的尊严。

有很多人，被老板重点培养并指望他有朝一日能够成为接班的"继承人"，却突然在某一天带走公司大批骨干和大量市场资源另立门户，一转眼和老板成了竞争对手。这种缺乏忠诚的人，更谈不上对自己职业忠诚了。即使再优秀的人，一旦缺乏忠诚，他的能力也就失去了用武之地，最终会被职场所淘汰的。

拿破仑说过：没有忠诚原则的士兵，没有资格当士兵。同理，在职场中，没有坚守忠诚法则的员工，也没有资格被企业所雇用。

忠诚的确是老板的需要，企业的需要，但更是你自己的需要。忠诚的人会比不忠诚的人获取得更多。也许，通过忠诚工作创造的价值中的大部分并不属于你个人，但你因此而造就的忠诚品质，却完完全全属于你自己，它是你的无形资产，会让你受益终生。

其实，每位员工表现如何，工作怎样，每个做老板的都会默默在心里为其做个大致的评判。员工是否忠诚，老板一切都看在眼里，如果你能做好自己该做的，并且能一直忠于职守，老板就一定不会让你失望的。

第八章

乐业精神，珍惜工作需要你把工作当成乐趣

乐业精神就是把工作当成事业来做，在工作中保持乐观的态度，是乐业者坚持工作的灵魂。无论从事什么样的工作，乐业者都能让自己充满乐趣地工作。当我们在工作中拥有乐业精神时，会更加珍惜自己的工作，无论多么平凡的岗位，都能从中体验到无尽的乐趣。这种乐趣源于自己在工作中的真诚投入，并在对工作的投入中贡献自己的力量，实现自己的价值；在工作中拥有乐业精神，我们不但会珍惜工作，还会把工作看作一种艺术的创作，让自己全身心地投入其中，把工作当成一种乐趣。

1.

珍惜工作，视工作为神圣的事业

珍惜工作，会让我们把工作视为神圣的事业；珍惜工作，会让我们成为享受工作乐趣的人；珍惜工作，我们会把工作视为生活恩赐的礼物而倍加珍惜，把工作当作一种需要、一种安慰、一种神圣的使命；珍惜工作，会让我们视工作为快乐而不是苦役。当工作是一种享受而不是负担时，我们就是工作的主人而非奴隶。

美国前教育部长、著名教育专家威廉·贝内特说："从根本上说，工作不是一个关于干什么事和得到什么报酬的问题，而是一个关乎生命的问题。工作就是付出努力，正是为了成就什么或者获得什么，我们才会专注什么，并在那个方面付出精力。所以从本质而言，工作不是我们为了谋生才做的事，而是我们要用生命去做的事。"

对于我们每个人来说，工作是上天对我们的恩赐。每个人生来就要在工作中各就各位，在工作中努力尽责，扮演好自己的角色，把自己喜欢的并且乐在其中的事情当成使命来做，这样才能发掘自己特有的能力，并顺利完成一份共同的责任。所以，我们一定要珍惜自己的工作，不能轻视你所做的任何一件小事，因为它是大事的一部分。那些敬业的员工在工作中总能表现出认真做事，一丝不苟且有始有终，即使是辛苦枯燥的工作，他们也能从中感受到价值。

德国思想家马克思·韦伯认为，有的人之所以愿意为工作献身，是因为他们有一种"天职"感，他们相信自己所从事的工作是神圣事业的一部分，即使再平凡的工作，也会从中获得某种人生价值。在这样的境界中，他们会发现自己生存的意义，感受到幸福和自我满足。

每个在职场的人都有这样的体会，当我们在完成使命的同时，就会发现成功之芽正在萌发；当我们发现自己的工作为别人带来了价值，内心里会有一种充实的感觉，这种感觉会使你的每一天都富有意义，也使你的人生充满快乐。

苏洋名牌大学毕业后，就来到这家银行就职，按照惯例，她要先到基层网点锻炼。在基层网点做的基本上都是些操作性的工作。其实，在业务技能上，做这种最基本的工作，一个本科生和一个高中生相比没有多大的优势。

在苏洋来这家银行前，已经有好几位本科生，因为嫌弃基层工作的无聊而中途离去。所以，当同事看到名牌大学毕业的苏洋来时，他们都认为苏洋也不会做下去的。毕竟，基层工作也确实让人感到烦琐、无聊。

苏洋却不这么看，她觉得能在一毕业就拥有一份工作，这是多么来之不易啊。在上班的第一天，她就对自己说，一定要珍惜这份工作。

有了这样的想法，苏洋不但不认为自己的工作枯燥，反而觉得很神圣。在每一天的工作中，她总是用热情的微笑迎接每一位找她办业务的顾客。

一天，一位知识分子模样的中年男子来取一笔大额存款。苏洋看过后，知道那张定期存单没多久就要到期，如果提前支取，那么会让这名男子损失一大笔利息收入的。想到这里，她就微笑着善意地提醒这位储户。但这位储户解释说自己实在没办法，因为他预订的房子已到了交款的期限。

苏洋在问清了他订房的楼盘后，按照这个楼盘开发商的付款方式以及相关的政策，就为他设计了一套更合理的交款办法，这套交款方法，不仅不会让他损失掉利息，还会解决他的燃眉之急。

这名男顾客在听了苏洋为他设计的交款计划后，惊异地看着苏洋，惊叹于如此年轻的女孩，居然有这么精到的理财头脑，而同时，苏洋热情周到的工作态度在他看来近乎完美。

这件事发生不久，一家报社的记者采写的一篇关于苏洋的报道上了报纸。原来，这名男顾客是那家报社的主编。她的事迹见报后，许多储户都来到银行，指名让她帮着打理钱财。

银行领导趁势而为，利用她的知名度，组建了以她的名字命名的理财工作室，由于顺应了社会上开始出现的投资理财的需求，使这家理财工作室在全市储户中享有广泛的声誉。而苏洋也能在自己新的工作岗位上，发挥自己的才能了。

其实苏洋在接待那位报社主编客户时，她在心里并没有把他当作特殊的客户，更没有想到这是一个促成自己事业兴旺的机会，她只是出于对自己神圣的工作的热爱，才把每一项工作都做得很到位的。然而，正是她对工作的这种态度，却成为她事业的转折点。这让她觉得，只有视工作为神圣的事业，才会善待自己的工作，这就是我们把工作当成神圣事业的好处。珍惜、善待你的工作，你的机会将是无处不在的。

我们只有将自己的职业视为自己的生命信仰，那才是真正掌握了敬业的本质，这样才能算是真正掌握了自己生命的主导权。

参加工作三年的方岩，到一家大型公司应聘办公文员时被当场录取。她被录取既不是因为她有三年的工作经验，也不是她的外貌美丽，而是因为“她对工作有事业心”。

让她也没有想到的是，自己这么快被录用的原因，仅仅是因为她说的一句话，那句话就是：“我希望公司能给我提供足够大的空间供我发展，这样我会凭借自己的努力去做更高的位子。除此以外我别无其他要求。”

后来老板在公司提到这么快录用她时，说道：“我们看重的是她的事业心。当她问我们能否给她足够大的空间时，以后会不会给她较高的位子，比如部门主管等。说明她把工作当成自己的事业，而非养活自己的职业，这样对公司长久发展有利的人才，我们没有理由拒之门外！”

方岩进入公司后，由于她珍惜自己的工作，视工作为事业，所以，她把每一项工作都做得很到位、很细致。几个月后，她凭借着自己超强的工作能力，很快就从办公室文员升到了主管的位子。

事后，有同事问她："你工作能力这么强，还这么有经验，完全可以直奔着主管的位子啊，为什么要应聘文员呢。"

方岩说："无论做什么都得从底层做起，不如选准一份工作，把它当作自己的事业，认真地做好，凭着自己的能力一步步上去，这样的工作才有意义。"

把工作当成职业，就是指个人在社会中所从事的作为主要生活来源的工作，你拥有它，就是为了生存；而把工作当成事业，由于"事业"是指人所从事的具有一定目标、规模和系统，对社会发展有影响的经常活动，一般来说，事业是终生的，会让你更加珍惜自己的工作，因为珍惜，你会脚踏实地地去工作。这就是职业和事业的区别。

由于职业是阶段性的，我们往往是对工作伦理规范的认同，比如，一个人从事了某项工作，获得了一定报酬，工作伦理规范就要求他尽心尽力完成相应的职责，如此才能对得起自己所获得的报酬。而事业则往往是自觉的，是由奋斗目标和进取之心促成的，是愿为之付出毕生精力的一种"职业"。由此可见，追求职业的人最后只能成为一个"能工巧匠"，而追求事业的人才会是最后的成功者。

在企业中，人才是根，诚信是本。从企业的长期发展考虑，他们希望自己的员工要有团队意识，有大局意识，真正融入公司，把工作作为自己的一项事业，为企业的进步出策出力，而不仅仅停留于"完成本职工作就万事大吉"的观念层面。

事业与职业虽有本质的不同，但它们却是对立统一的。即使你从事的是平凡琐碎的职业性的工作，只要你从心里珍惜它，就能从中找到一份独特的乐趣和满足，同样可达到人生的某种意境，在这个境界中有了追求和奋斗目标，同样你也可以把它当作事业来干。

一个有事业心的人，他的任何梦想都不是不切实际的空想、妄想。因为他会把自己所从事的工作当成事业，竭尽全力地做好工作，让自己所追求的理想在工作中实现，这样的人肯定能达到事业与职业的统一。

2.

调整心态，让自己每天都快乐工作

我们不管做什么事情，心态最重要。工作也是同样的道理，一个人只要调整好自己的心态，才能快乐地工作。而快乐工作效率也会提高。

工作是我们的生存之本，是我们幸福生活的基础，更是我们实现人生价值的平台。在我们生命中的大部分时间，都是在工作中度过的。因此，当我们在工作中不开心时，只要想想工作带给我们的这些好处，我们怎么能不心怀感激呢？我们又有什么理由不珍惜工作呢？

在我们的一生当中，有很大一部分时间都是要献给工作的，如果不能把工作当成快乐的事情来做，不去从工作中寻找快乐，那么我们的生活将会是多么的悲哀。人的本质就是要追求生命的快乐。而工作不但让我们不再虚掷时光，还能让我们在工作中实现自己的价值。

工作时，调整一下自己的心态，多投入自己的激情，少些没有任何意义的抱怨，试着把工作和快乐挂上钩，你也许会发现工作将会成为一件愉快的事情。

马克·鲍勃是美国一名烹饪水平很高的厨师，在一家名叫“好望角”的餐厅做了两年的主厨。在当厨师之余，他还喜欢博彩，但是大奖一直与他无缘。终于有一次，幸运之神眷顾了他，他中了一百万美元的大奖！在当时那种经济危机的大情况下，能够获得这么大的奖，该是多么兴奋不已。所以中奖当夜，他就在自己工作的餐厅里亲自下厨，和大家一起庆祝自己意外获得的财富。在那个狂欢的晚上，所有的人都尽情地欢呼。只有他的老板约翰很为难——因为在狂欢的背后，约翰认为鲍勃不会再在自己的店里当厨师了，他将要失去一个多么棒的厨师啊。

第二天，在约翰拟好自己的招聘广告之后，一个熟悉的身影出现了,鲍勃又回来了,看到约翰写好的招聘广告,风趣地说:“老板,快把招聘广告收起来,我可是咱们餐厅的主厨,我可不想让你再招一个抢我的活啊。”

约翰惊喜地问:“你真的不辞职吗?”

鲍勃笑着说:“我当然不辞了。我可是这里的厨师呀,你们休想把我丢进那些豪华会所。实话对你们说吧,什么地方,都没有在这个餐厅里工作带给我的快乐多呀。”

鲍勃说完,就像以前那样快乐地投入工作中去了。店里的人们又高兴了起来,惊讶地看着鲍勃,并向他挥手致意。

快乐源于自己在工作中进行真诚的投入,在对工作的投入中贡献自己的力量,实现自己的价值。这种价值产生的不但是一种热情,而且是实实在在的行动,投入的思想和汗水都会化作成功的动力。人的一生是与工作分不开的,而且大部分的时间都会在工作中度过,在工作中感受快乐,就会使自己的生活充实很多。所以快乐地工作也是对自我的一种满足,更是一种艺术的创作。

任何工作,只要我们全心地投入就会获得无穷的快乐。快乐工作会让你越来越出色。当你在工作上做出成就时,你的心情自然是愉快而积极的,这时你会真切地体会到自己工作的意义和责任,并会永远保持一种主动工作的态度,为自己的行为负责。这时你的工作将不再是一种负担,而是一种快乐的体验。

张瑞当清洁工有十几年了,她工作的快乐状态和她第一天上班一样,每天都是唱着歌去上班的。在工作时,她总是一脸微笑,碰到有的行人在她刚扫过的马路上扔垃圾,她也不会生气,而是走过去,当着对方的面轻轻地捡起来。

她那习惯性的动作,还有那让人如沐春风的笑,让扔垃圾的行人非常不好意思,有的人主动对她说:“真对不起,我以后再不乱扔了。”

她笑笑说道:“呵呵,我觉得你没有乱扔啊,你明明是不小心的嘛。再说了,你们年轻人也不容易,每天早上都要急着去上班的，我也年轻过，这点自然能体会到。”

听了她实实在在的话，对方经常会感动得好半天说不出话来。

有一天，一个刚从公交车上下来的十来岁的男孩，可能是晕车，竟然一下车就吐到了正在工作的张瑞身上，吓得男孩和跟在男孩身后的妈妈连声道歉。

让人没有想到的是，张瑞不但不恼，反而笑着说："孩子是不是晕车呀？"说完从口袋里拿出纸巾递给妈妈，让她赶快帮孩子擦擦。然后走到一边，自己清理孩子吐在身上的呕吐物。

年轻的妈妈带着男孩来到张瑞面前，一时激动地不知道说什么才好。张瑞笑着说："你们不要不好意思嘛，孩子又不是故意的。对了，我以前也晕车，现在好了，我告诉你秘方吧。"接着她一边擦自己的衣服，一边热情地介绍了怎么做才不晕车的方法。

"大姐，你真是个大好人。"年轻妈妈感激地拉起她的手，说道，"我第一次见你这么好的人。你能告诉我，是什么让你这么乐观吗？"

张瑞笑着说："这是我的工作带给我的。告诉你吧，我从参加工作后就没失业过。十八岁那年我当环卫工人，都快三十年了。我用我的工作赚的钱和我丈夫一起养家，还供我女儿上了大学。这个工作给了我太多的乐趣。所以，我只要一工作，心里就莫名地高兴。"说到这里她又看看高兴地看着她的男孩，笑着说道："我乐观，是因为我在工作中，经常有人像你们这样微笑着和我谈话。"

年轻妈妈和男孩几乎异口同声地说："我们微笑，是被您传染的啊。"他们说完，也和张瑞一样哈哈大笑起来。

这就是快乐工作人的心态，如果你将职场看作一个快乐的天堂，你就会发现，工作里有很多美妙的快乐等着你分享。

要想让自己做一名快乐的职场人，我们首先就要积极地参与到快乐中来，用你的快乐来复制许多快乐。要知道，胜败与否不重要，积极参与是关键。

看到张瑞的故事，你明白在职场中如何做才能快乐起来了吧？其实很简单，只要你学会调整自己的心态，放弃以自我为中心的想法，多想想工作带给自己的诸多好处。在工作过程中，一心想着如何把工作做好，即使遇到困难时，也要怀着快乐的心态去解决。只有这样，你才能用乐观的心态，赢得大家的喜欢和尊敬；只有这样，你才能在工作中真正地快乐起来，并且还会把快乐传染给别人。

也许有人会说："如果给我一份重要的工作我一定会做得很好，现在这么平凡的岗位很难激起我的工作热情。"而事实上，我们大部分人都在从事着平凡的工作，就一个城市而言，市长只需要一个，而保洁员却需要几百，甚至几千人。张瑞之所以能对自己的工作保持如此的热情，就是因为她善于调整自己的心态。

如果一个人因为长期没有工作而食无定餐、居无定所，惶惶不可终日，那么他在得到一份工作后一定会善待这份工作。失业的日子是痛苦的，当失业的人听到别人下班后连连抱怨"太累"时，他们一定会说："真是身在福中不知福，饱汉子不知饿汉子饥。"

人往往都是这样，经常好了伤疤忘了痛，特别是那些抱怨工作很累的人，以前也曾经失过业，也曾经在失业时渴望得到一份工作，哪怕是只给吃、喝、住。而一旦千辛万苦找到一份工作后，工作不了多长时间，就又嫌弃工作活重，吃得不好，睡得不适，工资又太少，并有抬脚开溜之意。只有失业时，人们才会深刻地体味到，工作着才是幸福的。所以，我们要想生活得快乐，要想体会到工作的乐趣，就得在有工作时，多想想失业时。

当今社会，竞争激烈，人们的生存压力越来越大，工作也不再是过去几十年"一贯制"的"铁饭碗"，如果你把工作当作苦役而不去努力工作，随时都有失业的可能。

任何一个公司或企业作为一个经济实体，利润是生存之本，为此公司或企业老板常常要解雇一些不努力工作，不能为企业带来利益，甚至有损企业利益的员工。无论任何时候，这种优胜劣汰的竞争都势必存在。所以，无论做什么工作，我们都要学会珍惜、都要认真负责地对待，只有这样才能有生存和发展的空间。否则，将难逃被裁员的命运。

对于自己的工作，如果你选择了它，就得让自己喜欢它，并享受工作的过程；如果你不喜欢自己的工作，你也要尝试让自己喜欢，不为别的，就为你能在三百六十行中只选取了它；如果你在自己喜欢的工作中遇到了困难，你要做的是不要避开它，而是直面问题并想办法解决；如果你选择的工作实在不喜欢，却又无法避开它，又没能力改变它，那你就调整好心态，快乐地做好它。

阿克尔兼任哈佛大学心理学住校导师，研究了5年的“积极心理学”，对幸福感进行理论研究。这一学科诞生也不过15年，却向人们提供了一些有意思的研究成果。阿克尔说：“两个最重要的成功指向标就是：第一，我们是否相信自己的行为有意义，即我们是否认为自己可以起关键作用——很多人在困境面前丧失了这样的信念，因为太多的东西不受个人控制。第二，你如何应对压力？压力是将你击垮，还是催你奋进？”

在工作中我们要想让自己的大脑保持乐观，阿克尔向我们提供了以下六项训练方法：

1. 寻找积极事物。阿克尔说，据一些研究显示，每天记“感恩清单”的人往往会更加快乐，更加成功。“在接下来的21天内，每晚睡觉前想出三件值得感恩的事情，然后大声说出来。如果你能让其中一件与工作有关，那么就可以训练自己的大脑忘掉那些日常的琐碎工作，关注自己工作的好处。”——当然，最重要的好处就是“有工作”。

2. 乐在其中。“很多人认为‘工作’和‘乐趣’两个词相互排斥。”阿克尔说，“但是研究发现，无论是和同事说笑，还是在电脑上看到一个搞笑视频，不时的轻松情绪都会让人更加清醒和有创造力。”

“事实证明，当我们快乐的时候，神经元的传导速度会加快，效率也更高，”阿克尔说。他建议，如果工作已让你筋疲力尽，你可以在工作中给自己点奖赏，比如，翻看上次度假的照片，或阅读自己特别喜欢的博客等。

3. 将自己的办公空间装点得更加明亮。周围的环境会影响你的心情。阿克尔说：“有些东西会让你的大脑陷入不必要的恐慌状态，而另一些则会让你更有创造力、更加平静。好在你自己可以控制周围的环境。用图片和小物件装饰办公桌，让自己保持积极情绪。你的大脑会放松，心情也会转好。”

4. 养成记日记的习惯。如果你总是担心一些坏事，如可怕的传言，让人紧张的截止日期，那么不妨花三分钟的时间将自己的感受写下来。

阿克尔解释说："神经科学家发现，将消极情绪写下来或说出来，就像给其泼了一盆冷水。这一做法虽然简单，却能够显著缓解不良情绪。"那就拿出尘封已久的日记本，或者新建一个文档来写你的日记，试一试吧。只要注意不要被别人看到。

5. 营造良好的人际关系。阿克尔说："在压力面前，聪明人也会干傻事，比如只关注工作，而封闭了自己的社交网络。但是，在同全球企业打交道的过程中，我发现，面对压力和挑战，成功最重要的因素就是人际关系的数量和质量。"

阿克尔在十几年的研究发现，一个人与家人和朋友的亲密关系，不但是让人幸福的最重要因素之一，还能助人长寿。阿克尔呼吁道："我们现在更需要花时间巩固好这些关系，你可以一步一步来，每天关爱一个人。"

6. 把工作看成一段段短跑，而不是一场漫长的马拉松。你知道长期端坐在办公桌前的恶果：紧绷的肌肉，呆滞的双眼和没精打采的自己。人们不知道的是连续工作两小时后，他们的大脑便会反应迟缓，而身体则会迅速积攒压力和紧张。阿克尔说："把一个工作日分成几个时间段，每工作 90 分钟到 120 分钟就要休息 5 分钟。在大厅里走走，沿着大楼转一圈，给朋友打个电话，听一首舒缓的歌，做一点伸展运动，或吃一点含高蛋白，热量在 100 卡到 200 卡的零食。这样做不仅会降低疲惫感，还会让人注意力更加集中，工作效率也会随之提高。"

3. 主动培养自己对工作的兴趣

爱因斯坦曾经说过，"兴趣是一个人最好的老师"。陈景润就是因为对数学产生了浓厚的兴趣，驱使他从事了数学研究，并最终获取了成功，可见兴趣确实是最好的老师。

这一点同样适用于职场，我们要想在工作上有所成就，就得主动培养自己对工作的兴趣。因为一个人只有挑选自己比较感兴趣的工作，才更容易学习到精髓，提升工作能力，直到最后的成功。所以，我们每个人都应尽可能地选择并从事自己感兴趣的工作，才更愿意付出真心努力拼搏和学习。

一个人对工作具有兴趣和爱心，不仅会积极热忱地工作，同时会从工作中享受到很大的乐趣。真正的幸福就是能自动培养工作兴趣而愉快地工作，积极地去学习那些不热爱，甚至可恶的工作。

改变对工作态度的方法，是要重新认识自己所从事工作的意义。如果总认为现在从事的工作和自己的兴趣不合，必定会对工作提不起兴致，感到工作起来简直就是受罪。毕竟，能和你兴趣相吻合的工作实在是少之又少。既然你感兴趣的工作并不容易找得到，那就应该试着把现在的工作变成兴趣，从而享受其中的乐趣。

我们只有在工作中找到自己的使命感，然后才能怀着更高的动机去工作，才能彻底改变对工作的态度，积极地去从事那些自己原本不热爱，甚至讨厌的工作。要改变自己对待工作的态度不是一件简单的事情，你必须重新认识自己所从事的工作的意义。你如果总认为现在从事的工作和自己的兴趣不合，必定对工作提不起任何兴致，在工作的时候自然会觉得像受罪一样。所以，工作最好是和自己的兴趣相吻合。

迫于很多现实原因，我们很多人在选择工作的时候，根本不能依照自己的兴趣来寻找，或是和自己的兴趣相吻合的工作实在是少之又少。既然自己感兴趣的工作并不容易找到，那就试着从工作中培养兴趣，把现在的工作变成自己的兴趣，享受其中的乐趣。

对于工作，无论从整体或部分中，尝到成功滋味或发现乐趣，都是种快乐的体验，这种体验对于改善工作心情、提高工作意识有很大的帮助。常言说得好，喜欢之后才能熟巧，只要拥有快乐的体验，再苦、再累的工作也会让你集中精神去做。

肖亚在一家石油公司工作，每个月都得做一件最没意思的工作：填写石油销售报表。为了提高工作情绪，她想出一个办法，就是把这项工作看成是一项有趣的工作，每天跟自己竞赛。

于是，她每天统计出上午打印的数量，然后争取在下午打破纪录，再统计出第一天打印的总数，争取在第二天打破纪录。这样工作有助于防止烦闷带来的疲劳，在休息时间能让她得到更多的快乐。

干着干着，她发现这样工作不但让她的工作速度明显加快了，还让她觉得这项工作其实充满了乐趣。事后她感叹道："其实，让自己快乐地工作很容易，只要我们舍得花费心思来培养对工作的兴趣，就会发现每一份工作都很有趣。"

从肖亚的故事中，我们得出这样一个道理，所谓的工作兴趣，是培养出来的。我们从事一份工作时，即使一开始不能真正喜欢这项工作，但既然我们选择了它，就得想办法培养对工作的兴趣。

如果是因为对事情不了解而没有兴趣，可以在工作中培养自己的兴趣。比如，当深入处理枯燥的报表数据时，可能会对相应的电子表格软件产生兴趣；如果手头的工作实在提不起自己的兴趣，也得不到别人的认可，那么不妨换个方式给自己以鼓励，可以安排一件自己喜欢的事情放在自己厌烦的事情之后，这样就有做好手头事情的动力了。

记住，当我们对工作有兴趣时，就可以减少疲劳、忧虑和烦闷。所以，面对无法改变的现状时，学会调整自己的心态，从而享受到真正的工作乐趣。

在充满竞争的社会，有的时候人会身不由己，特别是我们刚踏入职场时，更是处处艰辛。自己喜欢的工作无法找到合适的位置，迫于生活压力，最终只能选择一个自己并不十分感兴趣的工作，这也是极有可能的事情。

即便如此，我们依旧可以通过培养自己兴趣的方式来化被动为主动。如果已经进入了该行业，我们要坚信行行出状元，多一分对自己所在行业的了解，就会多一分对它的热爱。

著名心理学家扎荣茨曾经做过这样一个实验：他让一些人观看某个学校毕业生的毕业纪念册，并且确定这些人并不认识毕业生中的任何人，在看完毕业纪念册以后，又拿给他们一些人的单人照片，有些人出现了二十几次，有些人出现了十几次，有些人则只出现了一两次甚至没有出现。

在做完这一切之后，扎荣茨要求看过照片的人评价他们对这些人的喜爱程度。结果，他发现，在大家面前出现次数越高的人越被大家喜欢。几乎所有的人都更喜欢那些看过二十几次的熟悉照片，而不是出现过几次的新鲜照片。也就是说，看照片的次数增加了喜欢的程度。

这是心理学上著名的“单纯曝光效应”，引申到职场中的道理是，当我们对自己的工作越了解越熟悉以后，就会越来越喜欢这份工作。所以即使一份开始不是很感兴趣的工作，通过努力，这份仍旧有可能成为我们的兴趣，并因此更容易收获成功。

在选择工作时，如果可以，我们一定要选择感兴趣的职业，就算没得选择，也要多了解自己的工作，培养自己对工作的兴趣，这样才更容易在职场中脱颖而出。

我们要时刻保持对工作的兴趣。除了对本职工作怀有激情外，还要对生活或工作的其他方面保持一定的好奇与兴趣，培养自己对事情的独立思考与判断能力，让自己的思维更加活跃。

4. 享受工作的乐趣，在不知不觉中超越自己

工作就像是我们手中的一粒种子，生活是肥沃的土壤。播下了种子，用心浇灌，工作就会萌芽就会长大。所以说，人生最有意义的事情就是工作，只有工作才可以真正体现一个人的价值。我们要学会享受工作的乐趣，这样才能在工作中不知不觉地超越自己。

我们每个人的体内都蕴藏着巨大的潜能。在工作中，我们只有发掘出这些潜能，才能点燃自己对工作的激情，才能真正认真而专注地投入工作中去，才能发挥永不止息的开拓精神，并在这种精神的指引下，最终在工作中实现自己的理想。

比尔·盖茨曾经说过："成功的秘诀是把工作视为游戏，这似乎就是所有成功者的工作态度。我们可以尽力找出能令我们兴奋的事来，把许多游戏时的方式带到工作中。"很多成功人士就是抱着这样的态度来对待自己的工作和事业的。在他们眼中，工作和事业都充满了乐趣，让他们深深地着迷。日本"货运大王"佐川清，当年就是从跑腿工这样卑微的工作中找到工作的乐趣后，才在以后把这项事业做大，最终建立了年营业额高达 19 亿美元的佐川捷运；阿马迪·贾尼尼也从卖菜的工作中找到了经营的乐趣，所以才能从一个卖菜小贩最后登上美国第一大银行总经理的宝座。

在工作中，我们也可以把自己的工作当成游戏来对待，比如，工作时可以和同事打个赌，看谁先完成手中的工作；在工作时，可以给纷繁复杂的工作设立一个明确的目标，向自己发出挑战。这样做，既不会被时间、地点和场合所限制，又能随时随地地完成工作。把工作成果绘制成进度表，也会使每天的工作变得生动有趣。这样一来，就会让我们拥有一份好心情，享受工作的乐趣也就非常容易做到了。

事实上，我们每个人身边都有很多快乐，就连我们每天为之苦恼的工作，同样也蕴含着乐趣，只是身处其中的我们不懂得享受而已。其实，只要我们改变一下看事情的角度，改变一下做事情的态度，当面对这样或那样的烦恼的时候，就会发现另一片不一样的天空。

我们总能听见身边的一些人在抱怨"工作太累"、"薪水很低"。他们之所以会有这样的抱怨，是因为他们没有享受到工作的乐趣，不能从每天的工作中去寻找自己的乐趣。如果迫于一些现实的因素，我们必须从事一些令人乏味的工作，就必须学会从工作中寻找乐趣。只有寻找到工作的乐趣，我们才能在工作中充满激情，同时让我们在工作中实现自己的价值。

的确，工作会给我们带来很多压力和烦恼。可是，工作在给我们带来压力和烦恼的同时，也给我们带来了知识和经验。我们可以通过每天的工作来获取信息，从而不断地充实自己。在我们不断完善自己的过程中，工作也会使我们的自信心得到很大的提高。

在工作当中，你对工作投入的热情越多，你的工作效率就会越高。换个角度来看问题，把每天枯燥的工作当成游戏一样来对待，你就会收到意想不到的结果。

要想获得工作的乐趣，我们必须转变对工作的态度，换一个角度来看待我们的工作。每一份工作其实都蕴含着无穷的乐趣。只要你善于发现，每个人都可以找到工作当中的乐趣。如果你是医生，看着被你治疗的病人康复，这就是乐趣；如果你是教师，看着学生茁壮成长，你就会感到无比欣慰；如果你是记者，当你看到自己采写的新闻印成铅字被读者传阅时，你会感到一种成就感；如果你是清洁工，看着被你清扫过的街道，你就会露出满意的笑容；如果你是服务员，客人的满意和赞扬就是你最大的乐趣……所以，无论你从事的是哪种工作，你都可以从中寻找到乐趣，关键在于你愿不愿意去寻找。

高林候如今是国内培训界和人力资源界相当有影响的经理人，当年他在海外留学的时候，曾经有一段时间在一家餐馆打工，从洗盘子到端盘子再做到侍应生，最后成为比利时收入最高的侍应生。他是怎样做到这一点的呢？

洗盘子原本是一件很枯燥、无聊的事情，可是他却从中找到了乐趣。刚开始洗盘子时，他也很痛苦，后来转念一想，既然自己选择了它，就要开心地把它干好，不能因为工作而丢失了好心情。于是他就开始尝试快乐地工作。他让自己换着法地洗盘子，从中选择一个洗得又快又干净的方法。就这样，他创造了“飞盘”、“飘盘”等洗盘方法。当他专注地洗盘时，心中只有一个念头，那就是，这种洗盘的方法比上次又多洗两个。

就这样，他在多种洗盘的过程中，既享受了工作的过程，又让他最终找到了一种快速洗盘子的好方法。这样的工作方式，让他不仅不会觉得工作枯燥，而且还提高了工作效率。

原本很疲惫无聊的事，却让他做得有声有色。当他寻到快速洗盘的方法后，他又想了一个增加乐趣的办法，就是看看自己一只手能端多少个盘子。终于练到装满菜的盘子，一只手能放6个，这样一来，乐趣找到了，工作也越做越好。后来他开始做侍应生，他就把记客人名字当作乐趣。因为记人名字几乎过耳不忘，所以他很快成为全比利时小费最高的侍应生。

在同事们的一致认可下，他后来有机会和时间观察大厨们如何炒菜，后来他更主动地做一些事，有一天看到院子里草长了，觉得锄草应该也是一件很有意思的活，于是立马在院子里干起来。这时候香港的老板看到了他，很欣赏他对工作投入的兴致，拍拍他的肩膀让他下周到公司报到。

在一般人眼里，洗盘子不但是看起来很平凡、很无聊的工作，做起来也同样无聊。但为什么高林候却能从中找到乐趣并越做越好呢？其中最大的原因就是，他改变了心态后，从这项工作中找出了高效工作的秘密。为了追求高效工作，他会把所有的心思用在如何做好工作上，当他所花的心思在工作上有了起色后，他自然就会体会到其中的乐趣。由此可见，工作中其实不缺乏乐趣，而是我们缺一双洞悉工作乐趣的眼睛。

每个人都知道，任何工作，做久了都会从最初的新鲜感转成重复、枯燥。我们要善于发现工作的乐趣，来点燃自己的工作激情。要想做到这一点，可以尝试着从以下几点来做：

1. 拓展自己的学习领域。当今世界，科技的发展日新月异，知识的丰富多彩早已远离了孔子时代的局限，这也对学习提出了更高的要求。没有激情的工作是对人生的浪费。这就需要我们有意义地学习和吸取新知识，通过学习懂得如何运用知识，能够知道自己的不足，并能用经验和智慧填补这些不足。新的知识会对工作产生积极影响，使工作开拓出新的天地。这样一来，懈怠的工作热情就会被重新激发出来。

2. 在学习中体会工作的快乐。一个人一旦体验到了工作的快乐，就会热爱工作，全身心地投入工作中去。特别是当自己默默无闻地工作换来领导和同事的认可，换来新的成绩，换来自身能力和素质的提高时，绝对不是一份薪水就可以衡量的。也只有在工作中不断地创造快乐，并以这种快乐影响和激励自己，才能在工作中始终保持昂扬的斗志和激情。

3. 和同事之间相互鼓励。在工作中遇见困难虽然是非常普遍的事，但是却很容易打击你的工作积极性。每个人都希望把工作做好，把任务完成得漂亮，但是力不从心、事与愿违的情况还是很常见。因此，在团队中，要学会与同事之间相互鼓励，更要学会自我激励，以此来渡过难关，重新找回自信。只有激励自己，不断地自我激励，才是保持长久工作激情的基础。另外，身体力行，创造一种集体的工作氛围也很重要。记住，公司是一个整体。成员之间相互鼓励，相互认可，这种精神上的支持是无价的。

4.找到自己的兴趣点。一般来讲，人们只有对自己擅长的事、喜欢的事，才能充满热情。据调查，有28%的人正是因为找到了自己最擅长的职业才彻底掌握了自己的命运，并怀着高度的热情，将自己的才华发挥得淋漓尽致。工作不仅是生存的必需，也是我们实现精神理想，以及自我价值的必由之路。因此，只有对工作真正产生兴趣，真正地培养对工作的兴趣，才能在工作中真正有所作为。如果没有兴趣，那么其中的乐趣就没有了，因为只是在例行公事地按照程序去做它，自然无法激发对工作的热情。

5.小事中倾注热情。我们在工作中处理的很多事情看起来都是平凡小事，对此，要端正自己做事的心态。不要因为事小而不为，或者对其另眼相看。其实哪怕是最平凡的小事，只要投入我们的热情，也能使我们在工作中充满活力。古希腊人伊索说过："工作对于人来说是一种享受。"林肯也说过："人生的乐趣隐藏在工作中，如果充满激情地工作，就能享受到更快乐的人生。"只有把每一件小事做好才会有成大事的本领。

其实人的一生要负载很多东西，比如工作，比如生活，谁也不知道自己哪天会面临哪些沉重的问题，并把这些东西扛在肩上风雨兼程地向前赶路。如果有些工作上的困难注定是我们无法逃避、必须面对的，我们不妨以一种积极的态度去面对。人生有了压力，才会产生前进的动力，工作才能充满激情，生命因激情而走向成熟。就像船，没有负重的船会被大浪掀翻；就像心灵，没有激情的心灵会飘浮如云。

6.把工作和人生目标联系起来。人有了目标才能有动力。工作的激情来自人生的目标，只有将工作的激情和人生的目标统一起来，才能实现自我价值最大化。我们就会为了目标的实现而殚精竭虑、一往无前。工作的激情源于对人生完美的追求，源于对事业蓬勃的冀望，也存在于对人生目标追求的过程中。在这样的目标指引下，只要工作着，人就会充满斗志和激情，更会激发出无穷无尽的创新能力。

5.为自己制订快乐工作的计划

许多职场人士在工作了一段时间后，就会觉得工作很累。其实，这不见得是生理上的疲劳，有时是心理上的疲倦。美国许多学者形容工作失去成就感、价值感、心力交瘁或筋疲力尽等。原因是当我们献身于某种理想、工作或生活方式中，但却没有获得预期的报酬，这报酬并不一定是物质的奖励，但自己觉得没有价值感，或没有受到该有的激励、重视等，这时候我们心里就会对工作厌倦、烦感。严重时还想离开公司，企图换一种环境来改变。

一般来说，在工作中有这样的情况是可以调解的。这种调解方法很简单，就是为自己制订快乐工作的计划，这样会让我们每天都生活在轻松的工作当中。

艾伦·史密斯是咨询业巨头贝恩公司(Bain)的一位技术专家，因为他看不到自己的职业前景而倍感沮丧。

他经常对人说："我觉得我的上司似乎不知道我的情况，不知道我在日复一日的工作中到底需要什么，而我也懒得和上司沟通。"

时间长了，他发现自己越来越讨厌上司，对工作也越来越反感，每天一到公司便没精打采。此时，他才感觉到不快乐工作的严重性。

他自己心里很清楚，要想改变目前这种局面，只有两个办法：一是辞职离开公司，也就是跳槽到自己觉得好一点的公司；二是想办法让自己快乐地工作。

他很快就否决了第一条，因为他知道，即使跳槽，他在新的公司不但会仍然做这样的工作，还会有这样的担忧。第一条不可行，那么自己只有利用第二条了，就是想办法让自己快乐地工作。那么，如何让自己快乐工作呢？

他先对自己进行了深刻的自我反省，问自己：我不快乐的根源到底是因为他人，还是因为自己的心态。最后他确认，原因在于自己。他曾经粗略地想过自己创办企业的事，现在他觉得，如果能把它当作副业，会使自己的面貌大有改观。事实证明，他的想法是对的。接着，他又想到了与自己快乐共事的那些同事，想到他们一起庆祝成功合作的情景，他笑了。接着，他为自己制订了快乐工作的计划：

每天写“感恩清单”，他觉得懂得感恩的人往往会更加快乐更加成功；“工作”和“乐趣”两词互不排斥；周围的环境会影响自己的心情，所以，用快乐来营造快乐的工作环境；情绪不好时，将消极情绪写下来或说出来，这样也能够显著缓解不良情绪；不让自己因为关注工作而封闭了自己的社交网络。

有了快乐工作的计划后，他发现自己的工作非常高效，不但让自己减少了工作日，他还能经常与上司聊天，并能专注于其他工作，同时，他和同事相处得也越来越融洽。所以，他感觉在这儿工作所得到的快乐又像他刚来公司时那样了。再则，由于他的工作时间缩短了，他所在部门的开支预算也相应地减少了。

同一份工作，史密斯为什么会有这么大的改变，原因就是他为自己制订了快乐工作的计划，有了这个计划，他才从沮丧的工作中脱离出来，变得快乐工作了。

凯瑟琳·麦卡锡是美国一位临床心理学家，也是组织顾问公司的首席运营官。她解释说，当你感觉到工作让你越来越不快乐时，你可以尝试改变自己工作方式中的某些环节。不妨考虑以下这些职场生存法则，它们甚至能让你在并不理想的工作中事业发达：

1. 直面现实。希纳·戈尔曼是人力资源管理学会全球成员公约总干事，她提醒员工说，在经济衰退或者经济的缓慢复苏期间，所有阶层的人都会经历各种痛苦。虽然在目前的经济气候下，辞职变得更加困难，但是，这并不意味着你就无计可施了。埃里克森建议，你应该"承认这不是自己理想的工作，而你也不能今天就做出改变。但是，你可以开始为改变而付诸行动。"麦卡锡也对这一建议表示赞成。"要学会理性地接受现实。"戈尔曼还谈道："要告诉自己，'这是我目前在干的工作，也是我在今后一段时期内都得干的工作。'事实上，你会发现，你控制自己态度的能力比你想象的要强得多。"所以，要弄清你的感受是什么。如果你带着一种愤懑的情绪投入工作，那么你的工作表现无疑会受到影响。

2. 制订计划，要主动出击。你可以邀请你信赖的朋友和家庭成员群策群力。如果你希望改变什么东西的话，先看看你的老板是否平易近人，如果是，在他的帮助下寻求改变当然是最佳策略。如果你有建议，就去和老板讨论，说明它们将怎样改善你与他人的工作表现。戈尔曼谈道，人力资源部门也能以某种方式提供帮助，从帮助你在组织内找到一个更适合的工作，到帮助你取得"工作和生活"的平衡。

3.尝试学习一种新技能。至少这能帮助你为下一份工作做好准备。此外，学习新技能还能帮助你振作精神，也能为你目前的工作带来新机会。如果让你感到纠结的问题是无法与老板共事，戈尔曼也根据自己的亲身经历提出了建议。她的一位前老板聪明过人，且长于战略思考，但却非常缺乏人际交往的技巧。戈尔曼决意从中吸取教训，从而成为自己理想中的那种老板。"比如，我罗列了一个清单，提醒自己哪些话应该避讳。这帮助我培养了必要的人际交往技巧，至今对我仍有帮助。"她谈道。最后，不妨考虑在工作之外寻求成就感。培养一两个工作之外的兴趣能为你的怨气找到另一个出口，也能给你提供一个让自己乐在其中的营生。

4. 发现(或强调)积极面。麦卡锡建议说，你可以把工作的好处罗列成一份清单。戈尔曼称之为"好处记录单"。你可能对公司提供的医疗福利或者其他福利感到欣慰，你可能喜欢自己的同事，或者公司离你的住所很近，也许公司建有一个很棒的健身房，也许公司常有旅行机会，或者你有机会担当指导他人的角色。罗列出工作中确实让你喜欢的各个方面，这有助于你转变对工作的认识，并让你摆脱身陷困境的感觉。如果你不这样做，“你的工作表现就会受到影响，你对工作的满意度就会受到更多的侵蚀，而且你也会在工作中承受更大的煎熬。”她说道。

谨记的原则是：将你能改变的和不能改变的东西区别开来；承担起改变的责任；尽可能地善用不利条件。不要做的是：认为一切都无可改变；让消极想法牵着你的鼻子走；单打独斗。

第九章

学习能力，珍惜工作必须不断完善、提升自我

随着社会的进步，知识更新的加快，我们正在进入一个知识爆炸的时代，学习能力已经成为一个非常关键的素质。有人称，未来社会的竞争既是人才的竞争，更是学习能力的竞争。身在职场的我们，要想在竞争激烈的职场立足，要想保住自己的工作，就得在工作中重视学习、主动学习，靠着学习来不断完善、提升自我。

1. 知识是应对职场变化的必胜法宝

知识改变命运，知识就是力量，是彻底改变个人命运的第一推动力。拿破仑曾说："真正的征服，唯一不使人遗憾的征服，就是对无知的征服。"可见，知识是多么的重要。在当今知识经济时代中，谁拥有知识、才华就等于把握住了自己命运的咽喉。可以说，知识是我们应对职场变化的必胜法宝，我们要想让自己的职场之旅"一路顺风"，就必须让自己不断用知识来武装自己。

有句名言是这样说的："在你的职业生涯中，知识就像牛奶一样是有保鲜期的，如果你不能不断地更新知识，那你在职场中便会快速衰落，因为企业中的一切都与学习有关，所以生存的第一意义就是要学习和理解，懒于学习的人，实际是在选择落后，实际是在选择离开。"

我们一生所生活的环境，除了家庭就是职场，人生的意义、价值绝大部分都是在职场中体现出来的，职场就是战场，是战场就有失败、成功，现实中有多少人在职场中成就了伟业，让世人敬仰。比如有亚洲首富的企业家李嘉诚、打工皇帝唐骏等。

纵观每一个成功者的成功之路，我们就会发现，他们追寻成功的足迹，其实就是一个不断学习的过程。小的成功靠机遇，大的成功靠学习，所以我们要想取得持久的成功、更大的成功，就要有这样的志向，就是要把学习当成是自己的终身事业去做，我们要有这样的志向。

在被称为"后学历时代"的今天，充电无疑是让自己知识更新，保持职场竞争力的有效途径。作为一名有追求、有抱负的员工，一定要重视学习、主动学习，这样才能让我们成为公司最有价值的员工。

六年前，王小妹曾经是一位普通的打工妹，五年后的她，已经成为国际贸易“谈判专家”。她现在是公司的“签单明星”，2010 年，她在广交会上从中东一家公司手里拿下了一张 50 万元人民币的合同；2011 年，她搞定了“菲律宾某公司长期合作项目的协议”和“泰国某公司几十万的合同”两笔大单子；即使在被称为“经济寒冬”的 2009 年，她仍然为公司拿到了数十万元的合同。而在六年前，她只是一个怀揣着中专文凭的小姑娘，从宁波来到上海。

刚来上海的时候，王小妹受学历和能力的限制，她每天做的事只是与工厂方面联系联系。看着外贸部的业务员陪着客户跑进跑出，然后带回来一张张动辄几十万的合同，她只能在旁羡慕别人。

渐渐地，她意识到自己要想像同事那样为公司创造业绩，就得用知识来改变自己目前的处境。于是，在工作之余，她开始自学英语。可是，因为基础差，她学起来非常吃力，自学了一段时间后，自己的外语也没有进步。

后来一个偶然的机会，她听同事说起某外语大学的英语班在招收学员，带着好奇与梦想，她走进了这所学校的大门，报读了英语专业。

通过学习，她的英语会话能力大大提高，她开始底气足了，就尝试着与一些外商用英语交流。

有一次，在广交会上，一个老外向她询问业务，她壮着胆子跟客人攀谈了起来，从一般的问候说到公司的产品，她越说越流畅。这个场景让她的老板对她刮目相待。事后问她外语是哪里学的，怎么说得这么好。

王小妹告诉他，自己是某大学的学生，英语是在学校学的。老板点了点头，从那以后，她就从一个普通的单证员变成了从前自己羡慕过的外贸业务员，也开始把订单一张张往公司里带。再后来，由于她工作业绩好，她也有了一次升职的机会。

五年来，她与德国、波兰、爱尔兰、巴拿马等国家的公司谈判、累计签订的合同超过 100 万元人民币。于是，她在公司赢得了“谈判专家”的称号。

王小妹的故事告诉我们，是知识改变了她的命运，是知识让她弱小的身体里发挥出了巨大的能量。只要我们坚持努力学习知识，即便我们的起点很低，随着知识的增长，我们的力量就会慢慢强大，而人生境况也会逐渐改变，王小妹就是这方面的榜样，她紧紧握住了知识的金袖子，因而得到了命运的垂青。

在职场中，我们要善于借助知识的力量来武装自己。因为知识既可以用知识让自己安身立命，也可以让自己争先创优，改变人生。所以，我们要让自己成为一名“学习型”员工。

我们可以通过以下几点来把自己打造成为一名“学习型”员工：

1. 谨记“三人行，必有我师”。三人行，必有我师。这个几乎每一个人从小就听过的道理，是告诫人们要谦虚谨慎，不要自以为是，好为人师，要有甘当小学生的精神。一个“自满的杯子”是装不进去水的，公司员工也是一样，不谦虚，自然听不进同事的话，也就自然学不到知识、技能。

2. 广泛吸收外部信息。这是企业员工学习知识、提高自身学习能力的前提，每一个人的知识水平都是有限的，要想提高自己，就必须能广泛吸收外部的信息知识、资源和变化，并乐于尝试新思想和新经历。一个员工只有不故步自封、固执己见，才能认真听取他人意见，学到知识，从而取长补短。

3. 经常反省自我。一个员工要学到知识、提高学习能力，就必须勇敢、主动、客观地反省自身情绪、思维及能力，准确评估组织及客观世界，勇于打破旧的格局，创建新的发展要素。经常反省自我，认识到自己的深浅高低，有利于学到知识。

2.

自我充电，学习能力决定竞争力

随着社会的进步、知识更新的加快，我们正在进入一个知识爆炸的时代，学习能力已经成为一个非常关键的素质。特别是身在职场的我们，要想在竞争激烈的职场立足，就必须让自己充电。

一提到学习，很多人首先想到的就是桌面上摆着厚厚的一摞书，面前放着考试倒计时表，为了一张成绩单拼死拼活地死背书……不可否认，那也是学习，只不过那种学习是被动的学习。当我们一旦进入职场，学习就变得尤为重要，而这个时候的学习，范围远远超过书本，概念也不仅仅是理论知识，方式也不是简单地背书、看书，目的更不是为了考试，而是为了把工作做得更好。也就是说，职场学习是把理论和实践完美地结合在一起的。因此，这种学习需要一种较强的能力。

19 世纪的文盲是不识字者，20 世纪的文盲是不会用电脑者，21 世纪的新文盲则是不懂再进修、再学习道理的人。要严格执行自我规划的进修充电计划，经理人每天唯一的功课就是学习。世界发展到今天，行业的发展和知识的更新已经到了毫不夸张的日新月异的地步，只有不断掌握新知识才能让自己的路越来越宽。

未来社会的竞争既是人才的竞争，更是学习能力的竞争。作为职场中的团队成员以及独立个体，应该在自身职业生涯的规划下，不断地提高自己的学习能力，把企业提供的学习机会和自身的学习有机结合起来，不断提高自己，这样才能谈得上发展。

八年前，出生于偏僻山村的杨天高中毕业后，因为家庭经济原因，他没有机会再复读，只身一人来到大城市，开始了他的打工生涯。

因为学历太低，他只能从事体力劳动。最初，他在建筑工地打工。他看着周围高学历、高收入的白领们，他暗下决心："我一定要读大学，将来念自己喜欢的法律专业，做一名法律工作者。"

因为经济条件不允许，他只能一边工作一边自学。夏天的工棚，闷热至极，劳累了一天的工友们都在外乘凉、休息，只有杨天，一个人躲在蚊子嗡嗡飞的闷热的工棚里认真地学习。

半夜里，工友们被闷热热醒时，仍然看到杨天刻苦攻读的背影。他的学习劲头感动了工友和公司老板，大家总是想办法帮助他。

有一次，杨天的一位工友，因为在老家的父亲被人欺负，对方凭仗是村干部，不但把工友的家砸了，还打伤了工友的父亲和儿子。杨天就利用自己的法律知识，帮工友写了诉讼书。没想到居然告赢了村长一家。

这件事给了杨天更大的信心，于是在当年秋天他就报读了某大学的法律专业。对于一个没有经济基础和任何背景的山村少年来说，他选择了一边工作一边读书，这条路无疑是艰辛的。他把那段日子形容为"疯狂的"，在打工之外的时间里，他的生活被学校的学习所填满，他的活动范围就是在学校、新华书店和图书馆之间。

他的刻苦求学引起了学校校长的关注，当校长知道眼前的这位勤奋的求学青年克服了如此大的困难来到这儿学习，为的就是要圆大学梦，校长为之感动，并向他伸出了援助之手，不仅给他减免了学费，还免费为他提供住宿。

五年的学习生活，从专科读到本科，他不仅在学习上获得了丰收，而且在事业上也获得了成功。学习上，他已在报刊上开始发表文学作品，不久前还在省级核心期刊上发表了学术论文。工作上，他从一名在工地打工的工人升职到建筑公司的法律顾问。公司为了培养他，还出学费让他报名参加了硕士研究生的考试。

我们一旦进入职场，学习就变得尤为重要，而这个时候的学习，范围远远超过书本，概念也不仅仅是理论知识，方式也不是简单的背书、看书，目的更不是为了考试，而是如何把自己所学到的知识运用到工作中去。

当我们进入社会，走上工作岗位后，我们的角色转变了。无论你从事什么样的工作，都要承担相应的工作职责，最基本的义务是要完成工作任务。所以，个人的时间不得不重新分配，你再不能单纯地拥有太多的学习时间。另一方面，如果你要在职场中获得更多的成就，必须不断地学习。

学习的最大目的是学以致用，学习的方向要从用的角度出发，学习最有用的技术、知识、技能，而且最好在用中学，那样掌握得最快。

“学无止境”在现代职场上得到了充分的印证。社会竞争日益激烈，在繁忙工作之余，还都在为自己找个地方去“充电”。

“吾生而有涯，而知也无涯。”从懵懂学童到耄耋老人，人类始终把学习当作一个永恒的主题，反复强调学习的重要性，孜孜以求科学的学习方法。

我们在学校里学的知识很快就会遭到无情的淘汰，然而有一点始终不变，那就是我们在学习过程中所学会的思维能力及解决问题的能力。因此，我们要培养自己持续的学习能力，使我们适应社会的需求，在变革当中有能力寻求解决之道。

我们应该多学习一些专业知识，关键学什么？怎么学？相信很多人已经发现了：学习的结果不是发现自己懂得越来越多了，而是不懂的东西越来越多了。行业分工越来越细，无选择性地贸然学习一个新方向的结果就是，发现打开一扇门，外面是茫茫大海。其实学精了一门，自然触类旁通，再学其他的就相对比较容易。最忌什么都懂一点，什么都不精。

如何能让自己在职场中的学习有进步呢？这需要我们注意如下几点：

1. 在职场中学习的目的是为了提升自己解决实际问题的能力，增强职场竞争力。

2. 职场中碰到的问题不可能像教科书中那样规范，很多时候你都搞不清楚情况，经常无先例可循，需要自己寻找途径。

3. 职场中的许多问题，一旦出现了就必须尽快解决，而不能等到条件具备再慢慢解决。最后，通常职场中一个问题的处理，可能要了解和学习多个领域的东西，所以只能从点突破。

3.

提升学习能力，让学习与工作相伴

对于职场人士来讲，学习已不受时间、人员及场所的各种限制，它已经变成了终身的事情，如今，我们倡导随时随地的学习。职场中，学习能力的提高远比学习知识更重要，知识毕竟是在不断更新，我们所需要的是要有学习知识的能力而不仅仅是学习知识。

每个职场人士要想在职场中站稳脚跟，就必须提升自己的学习能力，让学习与工作相伴。这就要求我们除了认真地对待工作外，还要在工作中不断总结和学习，惟其如此，我们才能不断地获得成长。聪明的员工会珍惜每个机会学习、发展技能以及寻求挑战的任务。与其依赖公司或是全凭运气，不如想办法让自己无可替代。

而对于公司领导者而言，公司发展的源动力正是每位员工能力的集合，只有每一位员工不断提高自己的业务能力，公司才能快速发展。在领导者眼中，那些积极向上、不断学习的员工，才是企业的支柱。

生活中，人无完人，我们每个人都有着各自的缺陷和弱势。或许在你所从事的行业中，你已经是满腹经纶，掌握了充沛的技能，然而对于新的企业、新的经销商、新的客户，你仍然是你。所以，职场人士要学会用空杯的心态重新去整理自己的智慧，去吸收现在的、别人的、正确的、优秀的东西。

值得一提的是，书本上的知识毕竟有限，而永远待在学校里也不现实，毕竟我们还是要走进社会边干边学，缺什么补什么是切实可行的办法，只有不断地学习，才能不断完善自身的不足，才能不断更新自己的知识层次，拓宽知识视野。

汉迪从牛津大学毕业后，自我感觉良好的他，觉得凭着自己名牌大学的学历，找一个能让自己舒舒服服的工作应该很容易。

在找工作之前，他是左挑右选，最后他向壳牌公司提出了申请。那时候，壳牌在管理发展上奉行的是"摸着石头过河"理论：把孩子们扔进水里，试试他们能不能学会游泳。

由于汉迪毕业于名校，加上他出色的口才，在面试结束时就被公司录用了。上任后，总经理就派他到沙捞越（东南亚的地名）去担任壳牌的销售代表。因为当时去得匆忙，汉迪在完全不了解工作业务的情况下，被派驻到一片蛮荒的婆罗洲。

在这里，汉迪犯了些很多年轻人都会犯的错误，也学到了永生难忘的教训。汉迪为了卖弄在牛津学习的理论知识，给上司一份组织马来西亚的石油运输系统的报告，可总部业务主管连内容摘要都没读完就开口了："你以为，凭你 6 个月的所知，就能比我们公司 55 年的经验干得好？"一句话就否定了汉迪。

由于和上级的关系紧张，汉迪曾被壳牌石油公司派去做无关紧要的工作，结果他为了回国工作竟然试图让自己变成酒鬼，不过他最终还是失败了。

直到此时，汉迪才意识到，名校的学位只是继续学习的许可证，是教育的起点，而不是终点。要想在工作中立足，必须重新学习与工作有关的知识，只有把所学的知识通过不断地运用到工作中去实践，才有可能有收获。于是，汉迪从头开始学习了很多专业的管理知识后，他的工作才渐渐地步入了正轨。

这次职场经历，让汉迪懂得了一个道理，那就是：如果你真的想在工作中做到精通，就得提升学习能力，让学习与工作相伴。

不管你学历有多高，要想依靠自己目前的经验和知识，找一份舒舒服服的工作，这都是不现实的。正如汉迪所领悟的那样：学位只是继续学习的许可证，是教育的起点而不是终点。我们绝不能指望名校的文凭能扫除职场中的一切障碍。只有在工作中不断学习，不断挑战自我，发掘自己未知的潜力，才能铺设更美好的发展蓝图。

当我们步入职场时，学习就变得尤为重要，因为这个阶段的学习范围远远超过书本的限制，理论知识已不足以应付工作中出现的问题，学习的方式也不是简单地背书、看书，而学习的目的更不是为了考试，而是把工作做得出色。所以，我们这个阶段要学得好，必须提升学习能力，最好一边工作一边学习。

4. 在工作中完善自我，在学习中提升自己

进入职场后，我们应该懂得，通过学习为自己的职业打基础。而在工作领域还有许多东西要学。因此，我们除了在工作中完善自我外，还要在不断的学习中提升自己。

格尔克是巴西埃索石油公司的董事长，他曾说："专业人才应该像海绵一样，不断努力地从周围发生的事情中汲取营养。他们应该不断学习，不断完善自己，把工作做好。"许多事实证明，不断学习是培养创新能力的最好办法。这就需要我们应该乐于学习，进而不断创新。

在西门子，任何一位员工都会积极主动地从工作中学习，从商业实践经验中学习，向同事学习，或通过和他人分享知识来学习，以保证自己的进步和未来的成长。他们拒绝平庸，总是充满热情地做事情，他们勤于思考，积极创新，并随时愿意接受新事物。

一个人，不论他的学历有多高，如果步入工作岗位后不注重学习，就会落后，也会因此而缺乏创意。只有不断学习新的东西，才能让创新能力有所提升。

文案出身的石原刚进广告圈的时候，因为他对广告创意的每一个环节都不了解，他的创意虽好，但因为无法掌握新时尚、新文化、流行的新元素，就无法将抽象的概念转化成有视觉冲击力的各类作品，所以，他所制定的广告创意标准也有所降低。

为了做好这项工作，他开始从基层做起，把自己变成一块海绵，在工作中随时学习。就这样，他在工作中学会了剪接、学会了看市场调查报告、学会了拟定策略、想创意、写文案、看完稿、盯印刷、盯摄影……

有时为了一个广告的完成，在工作之前，他会先对每一项环节进行认真思考和学习，等有了一定程度的了解后再动手去做。

为了不影响到自己的工作，对于电视广告部分，他利用一切可以利用的时间来学习怎么画脚本、与导演沟通对方想要的感觉、镜头、色调……还有之后的剪接、配音等。就这样，他养成了主动涉猎各个环节的习惯，通过不断学习来把握流行元素，了解产品信息，随着他做的工作越来越多，他的学习范围也越来越广。经常是这样的情况：他完成一项工作的时间，远远没有他学习的时间长。

曾经有一次，他把公司分配的用三周可以完成的任务，他用了十多天，而且做得非常完美。当老板夸他是广告“天才”时，他笑着纠正说：“我是学习的天才。”

他说的是实情，在这十多天中，他每天最多只睡三个小时，其余时间都是在学习。有时在半夜里醒来有好创意了，他会立刻起床记下来。当然，他并没有把这些情况告诉老板。

四年中，石原在工作中学到了很多东西，包括业务、媒体、平面印刷、平面制作、电视广告等。那时，经他手的每一项工作，都做得非常出色，他做的几个品牌广告，在央视播出后好评如潮。公司许多大客户，指名让石原来负责。

就这样，石原凭借着较强的工作能力，在四年后的今天，他从一个新人被公司提升为创意总监。而按照正常的程序，从新人到创意总监这个位置，差不多需要十年，在这十多年中，还专心地、用心地培养自己。

石原在谈到自己的成功心得时，总结道：“我就是比别人多花费了点时间来学习。就是在工作中完善自我，在学习中不断提升自己。”

在职场上，我们只有不断地去学习和自我完善，才会让自己跟得上工作的步伐。人的一生就像一条长河，停滞不前的唯一结果是被漫长的生活暗浪淹没。我们只有不断地否定过去，才能面对新的挑战，而每一次的选择与放弃是为了实现梦想，也是为了得到更多的喝彩。

通用电气前总裁韦尔奇曾说："借鉴的就是最好的。"他经常鼓励员工去仔细搜索好点子并据为己有，并将之称为"合理的剿窃"。对此，也许有人会觉得奇怪，作为美国最强大企业之一的通用电气仍然需要寻找好的点子？应该被其他企业模仿才对。然而在韦尔奇看来，每个组织都要学习，通用电气也不例外。

在戴尔公司，领导都十分重视提问，在戴尔看来，通过提问可以了解员工的想法，这是吸引员工创意的有效途径。有时，戴尔在公司会经常询问各部门同一个问题，然后通过他们回答的结果进行比较，并分析异同。戴尔认为："当一家公司所有人都以同样的方式思考时，是非常危险的现象。"只有以不同的观点来处理问题，才能不断把创新注入公司的文化当中。

在心理学上，人格是个人特有的情感、思想及言行总和，它包括气质、性格、认知风格、自我调控等。当这些成分彼此失调时，人就会造成双重或多重人格。一般来说，人格多样化是自我完善的表现，但人格的极端化则是人格缺陷的表现。

面对职场中不同的境遇和挑战，我们只有学会变通，完善自我，以寻求职场的生存之道。俗话说，"江山易改，本性难移"。其实，人之一生都在追逐自我的人格完善和价值实现。由此，人格是可以改变的，关键是怎样加以改变，并令其有可持续发展。所以面对职场的种种压力和挑战，我们要不断调整自我的状态：

1. 坚信每个人都是可以改变的。每个人的人格都存在很大的适应性和可塑性，轻度的多重人格是自我完善的表现，但严重的多重人格则是不健康的表现。人需要在工作中不断改变自我，以在职场中打造最好的自我。

2. 坚信自身的价值和努力。要树立必要的自信，并清晰自己自卑与自信的来源。对于个人的自卑，要加以积极地控制和消除；对于个人的自信，也要加以努力地发扬和利用。要相信个人的努力及其效果，要给自己必要的成长时间。

3.培养“耳顺功”。人在职场，不是所有人都会赏识你的。面对别人的批评，要抱着“有则改之，无则加勉”的心态。孔子曾倡导人们要练就“耳顺”的能力，就是既听得了好话，也听得了歹话。由此人们要学会以自信面对批评，以自卑面对表扬。

4.做个“耳顺公”。人在职场，要闻过则喜。这样在自信的基础上，人就可以化自卑为超越的动力，变批评为完善的方向。

5. 永远不停歇学习的脚步，在工作上做最好的自己

美国企业高管在录用新职员时都会说，我们要不断进取、发挥才能，否则将被淘汰。可以说，一般在美国制造业里的大公司，要想升任总裁等重要职位，必须既要懂得企业管理又要熟悉产品的制造流程，他们认为只有这样的人才能打理好公司，否则再优秀的人也不过是优秀工程师而已，最多是做厂长。因此，在美国，多数工程师都会继续进修企管项士，这样的员工大多会有更上一层楼的机会。

工作并不只是简单地重复，而是需要我们多动脑子，寻找高效工作的捷径，这样我们才会一天天进步。因此，我们只有永远不停歇学习的脚步，才能在工作上做最好的自己。

芭芭拉·布若汉姆曾指出任何一个组织都有三种类型的学习者：

不愿学习者。这类人“做一天和尚撞一天钟”，拒绝学习任何新物，不求上进，最终结果只能是不能适应企业的发展而被解雇。

悠闲学习者。他们崇尚“一切都会过去”。他们为满足现实的需要而按要求参加培训，很容易自我满足，不主动为将来的需要进行准备，这些人可能适应现时环境的需要，但却无法应对多变的明天。

终生学习者。他们“永远做第一个吃螃蟹的人”。他们坚持学习，时刻为未来发展准备好自我。

黄渊是一家外资公司的员工，他虽然从事管理工作，但对于如何做好这份工作不是特别自信，总感觉自己所学的知识无法应对眼下的工作，一些专业技术问题更是让他感到底气不足。正是因为这个原因，只有专科学历的他，几次都错失了升迁机会。

为了把工作做到最好，他选择了在工作之余，加强学习一些专业技术。

刚开始，多年没进课堂的他，感到了学习的压力，一度想打退堂鼓。后来他还是坚持了下来。为了让自己专心学习，他还专门报了一个高级进修班，因为这里的学员都很优秀，在他们的带动下，黄渊进步很快。

在学习班，他得到了其他学员的帮助，同时他也会把自己企业中的具体个案，拿到班上让大家一起来探讨。随着专业课程一门门被拿下，他学习的信心恢复了，职场上的自信又回来了。

两年后，他以优异的成绩顺利地从高级班结业，与此同时，他的工作能力得到了很大的提升。在短短半年当中，他帮助公司获得了 ISO9001 质量体系认证，并通过了一家英国大公司的审核，争取到了几十万美元的前期订单，同时也给公司产品树立了良好的质量口碑。八个月后，公司破格提拔了他，让他担任质量保证主管和技术主管。

为了让自己在工作上“更上一层楼”，他准备再报一个与工作有关的学习班。

他说从公司的角度，他应该是一名合格的主管；从自己的角度，他又是一名幸福的主管，而这些，都离不开他当时所做的一个明智的选择：永远不停歇学习的脚步。是不停地学习，让他才在工作上做最好的自己。

由此可见，一个想要在职场取得成功的人，必须成为终生学习者。可以说，只有不停学习的人，才是学习型组织的中流砥柱。

身处职场，如果你不继续学习，对于生活和工作需要的新知识就无法获取，本职工作也不会做好，进而被时代淘汰的危险就大得多。终生学习在过去似乎更是一种人生的修养，而在今日，它成了职场人士在职场生存的基本手段。特别是近年来，新技术、新产品和新服务项目层出不穷，就业能力的要求随着技术进步的加速也在不断变化着，而企业对劳动力不再只是数量需求，更重要的是对其质量有了新的标准和需求。身处于信息不断更新的时代，强化知识更新，是每个职场士都应必备的基本素质。

终生学习，与书为友的人是富于智慧的。因为他能自在地品味、汲取前人的精神财产，并且能够把这些知识通过自己消化后在工作中运用自如，让自己的潜力在工作中得以更好地发挥。

粗绳子

一天，老王气冲冲地去找洗衣店老板，见面后火冒三丈地说："过来看看你们的杰作！"说着，他往桌上扔了一条很粗的绳子。

老板看了看，奇怪地说："先生，怎么会有这么粗的绳子啊？"

老王吼道："看清楚了，我昨天送洗的是条被单，你们帮我把它变成了绳子。"

酒瓶没碎

一位嗜酒的先生买了瓶放了10年的威士忌酒，装进裤子口袋，准备带回家享受一顿。

由于他走得比较急，在刚出店门时脚下一滑，摔了一跤，他觉得腿上湿漉漉的，以为打破了酒瓶，心中十分痛惜。

当他难过地站起来朝下一看时，忽然又笑出声来，说："嘿，谢天谢地，原来只是腿上流出来的血。"

坐下一趟车

晚上，妻子和丈夫一前一后地往家走，妻子一进门就急忙把门关上了。丈夫见状，生气地一边敲门一边喊："开门，开门，我还没进去，真是的！"

做公共汽车售票员的妻子忙说："吵啥吵？坐下一趟吧！"